新丝路华文系列教材编委会

总 主 编：郭 熙 邵 宜

编　　审：童盛强 蔡 丽 喻 江 文 雁 林奕高

编委会委员：郭 熙 邵 宜 曾毅平 莫海斌 张 礼 杨万兵

新丝路华文系列教材

总主编 郭熙 邵宜

华文教育
Chinese Education

初级华文

第四册

主 编 师玉梅

编 者 师玉梅 班曼

暨南大学华文学院精品教材

暨南大学出版社
JINAN UNIVERSITY PRESS

中国·广州

图书在版编目（CIP）数据

初级华文．第四册/郭熙，邵宜总主编．—广州：暨南大学出版社，2018.8
（新丝路华文系列教材）
ISBN 978 - 7 - 5668 - 2338 - 0

Ⅰ．①初…　Ⅱ．①郭…②邵…　Ⅲ．①汉语—对外汉语教学—教材　Ⅳ．①H195.4

中国版本图书馆 CIP 数据核字（2018）第 047010 号

初级华文（第四册）

CHUJI HUAWEN（DISICE）

总主编：郭　熙　邵　宜

出 版 人：徐义雄
项目统筹：晏礼庆
策划编辑：杜小陆
责任编辑：潘江曼
责任校对：叶佩欣
责任印制：汤慧君　周一丹

出版发行：暨南大学出版社（510630）
电　话：总编室（8620）85221601
　　　　营销部（8620）85225284　85228291　85228292（邮购）
传　真：（8620）85221583（办公室）　85223774（营销部）
网　址：http：//www.jnupress.com
排　版：广州市天河星辰文化发展部照排中心
印　刷：广州市快美印务有限公司
开　本：889mm×1194mm　1/16
印　张：10.5
字　数：161 千
版　次：2018 年 8 月第 1 版
印　次：2018 年 8 月第 1 次
定　价：49.00 元

《初级华文》（第一至四册）编写说明

　　《初级华文》是为来华学习的华裔留学生编写的综合课主干教材。教材突出"华文"特色，在教授学生华语的同时，向他们展示当代中国国情和社会生活，使其感受中国的文化观念、发展变化与风土人情。

　　《初级华文》共六册，其中第一至四册以"话题—功能—文化—语法"为纲，话题的选择主要围绕中华文化，同时注重语言技能训练。作为基础阶段的华文教材，编者淡化语法知识讲解，注重语言能力的提高和华人文化意识的培养。

一、编写原则

1．针对性

　　教材在内容的选取上充分考虑华裔学生的特点和需求，追求高效率的语言教学，让华裔学生充分发挥学习华文的潜力。教材体现了华人学华文的特点，不依赖媒介语进行教学，而是用中文注释。

2．科学性

　　教材语料真实、规范，根据华语语言特点、难易度以及传承语习得规律编排教学内容和语言点。核心字词要求认写识用，非核心字词要求认读。

3．实用性

　　教材内容紧扣学生的学习生活以及较为常见的社会交往活动和工作，听说读写并重。

4．趣味性

　　教材力求做到课文内容生动有趣，练习设计形式多样，富有趣味性。

二、教材体例

《初级华文》第一至二册15课，第三至四册各12课，建议每册教学时间为一个学期（16个教学周，每周8~10学时）。

第一至四册主教材中，除第一册的"预备单元"外，每课均包含"课前热身"、"开心词典"、"汉字乐园"、"主课文"、"副课文"、"能说会用"、"你知道吗"（第一、二册除外）、"经典诵读"与"练习"板块。各板块的编写理念与特点如下：

课前热身　以导入教学内容、激发学生兴趣为目的，主要采用图文并茂的方式呈现。

开心词典　所列均为主课文和副课文中的重点核心词，每个词条后标注了拼音、词性、简单的中文释义，并附例句、常用短语以及近义词反义词等，展示词语的用法，实现词汇拓展。课文中标红色的词语为用法较简单的核心词。非核心词用蓝色标示于课文中，由教师随文释义。其中，核心词要求学生会认、会读、会写、会用，非核心词只要求学生会认读。

汉字乐园　增强汉字教学的趣味性，加强学生对汉字结构规律的认知，帮助学生理解、记忆汉字。

主课文　采用旁注的形式。旁注内容主要为重点句式、文化注解、非核心词的释义。

副课文　包括两篇针对具体功能项目的对话体课文，旨在提高学生的语言运用能力。

能说会用　针对课文中的功能项目，给出语境或指定任务，组织学生完成对话交际练习，提高学生的交际表达能力。

你知道吗　根据需要，针对课文中所涉及文化点适当进行介绍或阐释，引导学生了解中华文化，增强对中华文化的认同感。

经典诵读　包括诗词佳句、经典名言、俗语谚语等，旨在让学生感受汉语音律与意蕴之美。

练习　包括5~7种常用题型，内容涵盖语言要素及语言技能训练，既可供教师课堂上使用，也可供学习者课外选做。

　　编写组希望本套教材能充分激发华裔学生学习华文的兴趣，提高他们语言学习的效率。教材编写乃系统工程，编写过程中难免存在疏漏之处，欢迎广大教材使用者提出宝贵的意见与建议！

《初级华文》教材编写组

2018 年 6 月 29 日

目录

第一单元

第一课
新的学期，新的开始

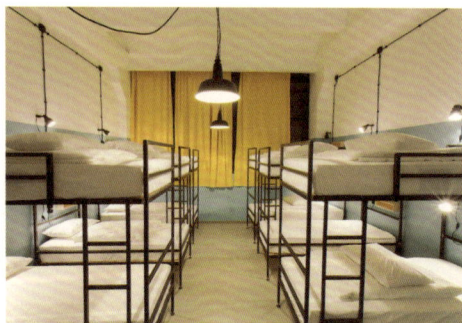

🌀 课前热身

1. 你住过校吗？向大家说一说住校生活是什么样的。
2. 你觉得住校有哪些好处和坏处？

🌀 开心词典

之前[1]　　zhīqián　　　　　　名词

　　例：睡觉之前　十岁之前　之前的两年
　　　　你去之前给他打个电话。//之前，我学过一点儿汉语。
　　【反】之后　zhīhòu

最终[2]　　zuìzhōng　　　　　　名词

　　例：请告诉我你最终的决定。//他最终考上了北京大学。

听从[3]   tīngcóng   动词

例：听从安排   听从大家的意见

他听从了医生的建议，每天早起去操场跑步。

意见[4]   yì·jiàn   名词

例：怎么都行，我没有意见。//他对同屋有意见。

对于这个安排，你有什么意见或建议吗？

彼此[5]   bǐcǐ   代词

例：彼此了解   彼此的想法   不分彼此

你们两个人彼此认识，我就不用介绍了。

其实[6]   qíshí   副词

例：汉语其实不难学。

我其实很喜欢吃肉，但是怕胖就不敢多吃。

招[7]   zhāo   动词

例：招生   招人

那个饭店在招服务员。//这个学校不招女学生。

相信[8]   xiāngxìn   动词

例：相信自己   相信他的话   相信这件事

我相信你一定能成功。//我就不相信我学不好汉语。

充实[9]   chōngshí   形容词、动词

例：生活充实   充实的假期   过得很充实   充实自己的生活

他周一到周五，每天上八节课，虽然很累，但心里感觉很

充实。

适应[10]   shiyìng   动词

例：适应变化   不太适应这里的气候

我很快就适应了在中国的生活。

组织[11]   zǔzhī   动词

例：组织晚会   组织学生去旅游

这次旅游是学校组织的。

学校每个学期都会组织很多活动。

安排[12]　　　ānpái　　　　　　　动词

　　例：安排好时间　安排工作

　　　　老师安排班长收作业。//这个周末，你有什么安排？

并[13]　　　　bìng　　　　　　　连词

　　例：我在英国出生并在那里长大。

　　　　她考了第一名并获得了一等奖学金。

贪[14]　　　　tān　　　　　　　动词

　　例：贪吃　贪玩　贪睡

　　　　虽然是免费的，但吃多少拿多少，不要贪多。

另外[15]　　　lìngwài　　　　　　副词、代词、连词

　　例：买一件，另外再送一件。

　　　　最前面的人我认识，另外两个我也没见过。

　　　　看中文电影可以学汉语，另外，还可以了解中国。

相处[16]　　　xiāngchǔ　　　　　动词

　　例：与人相处　友好地相处　很难相处

　　　　他们俩相处得非常好。//妈妈常常教我怎样和人相处。

帮助[17]　　　bāngzhù　　　　　动词

　　例：互相帮助　帮助老人　需要帮助

　　　　多谢你的帮助！//在老师的帮助下，我的汉语越来越好了。

靠[18]　　　　kào　　　　　　　动词

　　例：靠老师　靠大家　靠自己

　　　　他靠努力得了第一名。

汉字乐园

母　mǔ

古文字𡉀，在"女"（𡛥）的上面多了两个点，想一想这两个点是
什么。

餐　cān　　餐 歺 + 又 + 食

"餐"的下面是"食",所以和"吃"有关系;

"又"(又)是一只手,因为古代的人吃饭直接用手抓。

学校里吃饭的地方叫_____;吃饭时用的东西叫"餐具";"一日三餐"也就是_____、午餐、_____;另外,还有"中餐""西餐"等。

贪　tān　　今 + 贝

古文字贪中 A 是"口"; 贝 是"贝",也就是中国最早的钱币。把钱放在嘴里,想要吃下去,指的就是"贪财"。

现在,除了钱财以外,别的东西也可以贪,如"贪吃""贪玩"
"_____"。

课文

住校生活

汉林是来自印尼的新生。来中国之前[1]他为住宿 (zhù sù) 问题 (wèn tí) 想了很久，最终[2]还是听从[3]了父母 (fù mǔ) 的意见[4]，选择住宿舍。汉林有一个越南同屋，两个人语言 (yǔ yán) 不一样，生活习惯也不同。不过，这样也有好处：他们可以每天练习说汉语，还可以了解彼此[5]的文化 (wénhuà)。

汉林的父母担心他在学校吃不好、不会照顾自己。其实[6]，学校的餐厅 (cān tīng) 还不错，米饭、炒菜、饺子、面条什么的都有。如果吃腻 (nì) 了中餐，还可以去西餐厅换换口味。

汉林认识了一个中国朋友，是一个大三的学生。报到 (bào//dào) 那天，那位中国朋友帮他搬行李 (xíng·li)，还带他熟悉了学校环境。校园不大，但很漂亮。教学楼前的橱窗 (chúchuāng) 里贴着社团 (shè tuán) 活动的海报 (hǎi bào)。中国朋友告诉他，社团每学期 (xué qī) 都会招[7]新成员 (chéng yuán)，有兴趣的话 (de·huà) 可以报名参加。

看来，选择住校是对的，不仅 (bù jǐn) 生活方便，还 (hái) 可以参加丰富多彩 (fēngfù-duōcǎi) 的课外活动，认识更多的朋友。汉林相信[8]，接下来的生活会既充实[9]又快乐。

6

会话 1

聊聊新生活

汉　林：这几天晚上都很晚才睡着。

王佳丽：怎么了？想家了？

汉　林：不是，可能是还不太习惯。

王佳丽：新环境，要适应[10]一 段(duàn) 时间。

汉　林：我同屋晚上也是睡不着，天天和家人煲(bāo)电话粥(zhōu)。

王佳丽：我刚来时也是这样，慢慢就习惯了。

汉　林：听说，咱们学校经常会举行一些活动，是吗？

王佳丽：是啊，学校下个星期就要组织[11]学生外出(wàichū)参观。以后，还会有汉语节目表演、美食节、趣味(qùwèi)运动会什么的。

汉　林：哇，太好了，我喜欢这样的活动！

王佳丽：那你以后多参加几个。

汉　林：现在，除了上课，下课后就不知道该做什么了。你课外时间是怎么安排[12]的？

王佳丽：我啊，可做的事太多了，泡(pào)图书馆、运动、看电影、逛街，每天都是"忙并[13]快乐着"。

会话 2

妈妈的电话

妈妈：汉林，_____？还失眠(shī//mián)吗？

汉林：好多了，我发的学校照片您看到了吗？

妈妈：看到了，挺漂亮的。你要<ruby>努力<rt>nǔ lì</rt></ruby>学习，别贪¹⁴玩儿！另外¹⁵，要和同学好好相处¹⁶！

汉林：_____。您都说八百遍了！

妈妈：好，好，不说了。妈妈这不是担心你 <ruby>嘛<rt>·ma</rt></ruby>！

汉林：放心吧！我认识了一些新朋友，大家会互相帮助¹⁷的，"在家靠¹⁸父母，出门靠朋友"嘛！

妈妈：_____！

汉林：对了，妈妈，您知道我下周末要去哪儿玩吗？

妈妈：_____？

汉林：学校组织我们去参观<ruby>历史博物 馆<rt>lì shǐ bó wùguǎn</rt></ruby>。

妈妈：是吗？那你看完回来也给我讲讲。

☞下面的句子，填在哪儿合适？

1. 您就放心吧，我会的
2. 最近怎么样
3. 去哪儿啊
4. 这样的话，我就放心了

能说会用

功能1：兴奋

1. 妈妈，您知道我下周末要去哪儿玩吗？
2. 哇！好漂亮的礼物！我非常喜欢。
3. 耶！明天就能回国了！好开心啊！
4. 真的吗？你明天要来广州看我！太好了！
5. 我做梦都没想到自己能考第一名！

☞练一练：

你考了第一名并获得了学校的一等奖学金，现在你正跟父母打电话想告诉他们这个好消息，你会怎么说？父母听了以后可能会说些什么？

功能 2：担忧

1. 汉林，还失眠吗？
2. 都 12 点了，姐姐还没回家，妈妈很担心。
3. 要是不能通过考试，怎么办啊？
4. 我怕她的病治不好。
5. 万一买不到飞机票，怎么回国啊？

☞练一练：

你下午要坐飞机回国，但是上午还在下很大的雨。看着窗外的大雨，你心里在想什么呢？请说一说。

你知道吗

可怜天下父母心

在中国，父母对儿女总是有着过多的关心和担心。儿女的衣食住行方方面面，父母全装在心里，儿女做什么事，父母都要问一问。无论儿女走到哪里，父母都想着他们，担心他们。总之，儿女在父母面前永远是长不大的孩子。虽然现在部分父母改变了想法，想让自己的孩子更独立，不能事事靠父母，但是，如果遇到重要的事情，还是会忍不住问一问。一些孩子长大后，会觉得父母很烦，每天说说说，什么事都要管着自己，慢慢地和父母有了距离，不再愿意和父母说心里话了，但是他们迟早会明白，父母都是为了他们好。特别是等到他们为人父母的那一天，就会理解父母所做的一切。

经典诵读

Ér xíng qiān lǐ mǔ dān yōu
儿 行 千 里 母 担 忧。

练习

一、写出有下列部件的字

纟 _____ _____   非 _____ _____

宀 _____ _____   卜 _____ _____

扌 _____ _____   舌 _____ _____

二、组词或短语

最：_____ _____ _____

听：_____ _____ _____

报：_____ _____ _____

贪：_____ _____ _____

相：_____ _____ _____

三、写量词

一（　）母亲　　一（　）历史　　一（　）粥　　一（　）语言

一（　）宿舍　　一（　）行李　　一（　）成员　　一（　）海报

四、请把词语与相应的意思连线，并用它们完成句子

适应　　　　　　　最后

相信　　　　　　　习惯

意见　　　　　　　认为是真的

最终　　　　　　　那个和这个；双方

彼此　　　　　　　看法或想法

1. 她们两个人关系好得不分_____。

2. 你们对餐厅有什么_____都可以说。

3. 快点告诉我_____的结果怎么样？

4. 他常常骗我们，所以我们都不_____他说的话了。

5. 离开父母，一个人在中国生活，你_____吗？

五、给加点的多音字选择正确的读音

1. 我来广州一年了，但还是不适应（yīng　yìng）这里的气候。

2. 我们应（yīng　yìng）该多给父母打电话。

3. 打的（dī　de）去机场太贵了，我还是坐地铁吧。

4. 你要是不舒服的（dī　de）话，就回去休息吧。

5. 他和同学相（xiāng　xiàng）处得很好。

6. 你的行（háng　xíng）李多不多？要不要我去送你？

六、选词填空

组织　安排

1. 学校下个星期要_____学生去外地旅游。

2. 老师给每位同学都_____了事情。

3. 这个周末，你有什么_____吗？

帮　帮助

1. 东西太多了，我拿不了，麻烦你_____我一下吧。

2. 我们的学生常常互相_____。

3. 小伙子！能不能_____我一个忙？

充实　听从　其实　努力　靠　腻　并　问题　招

1. 这件事情，你要_____自己心里的想法，不要问别人该怎么办。

2. 之前我觉得同屋会很难相处，_____还好。

3. 他从早到晚地忙工作，虽然很累，但是很_____。

4. 每天吃食堂，早就吃_____了。

5. 后来他们俩结了婚_____有了一个孩子。

6. 哥哥_____自己的能力找到了一份好工作，没有让父母帮忙。

7. 那家餐厅门口贴了一张_____服务员的海报。

8. 他学习很_____，常常泡图书馆。

9. 这个_____，我们下次再聊。

七、完成句子

1. 这件衣服，虽然便宜，但是_____。（还不错）

2. _____，爸爸就给我买一部新手机。（的话）

3. 他不仅会说汉语，_____。（不仅……，还……）

4. 她的宿舍_____。（既……又）

5. 都十一点了，他还没来上课，_____。（看来）

6. 昨天我去超市买了很多水果，_____。（另外）

八、根据课文内容，用括号里的词回答问题

1. 来之前，汉林的父母担心什么？（怕、照顾）

_____

2. 汉林认识了一位中国朋友，那位中国朋友帮了他什么事情？（搬、熟悉）

_____

3. 为什么汉林最近几天都很晚才睡着？（习惯）

_____

4. 下个星期，学校有什么活动？（组织、博物馆）

_____

5. 汉林的妈妈告诉他什么？（努力、别）

_____

九、写一写，要求用到括号里的词

给父母写一封邮件，给他们介绍一下你在中国的学习和生活。（之前、担心、其实、适应、活动、相处、丰富多彩、另外、充实）

爸爸、妈妈：

    你们好！_____

_____

_____

_____

_____

_____

    祝你们

_____，_____！

女儿/儿子：_____

_____年_____月_____日

十、每个空填一个词

> 其实　但是　而且　什么　既　来自　之前　互相

汉林是_____印尼的新学生，来中国_____，父母担心他一个人在中国不会照顾自己。_____，他的父母不用担心。汉林住在学校的宿舍，他的同屋是个越南人，两个人常常_____帮助。他的学校不大，_____很漂亮。学校餐厅的饭菜_____便宜又好吃，他想吃什么就吃_____。住在学校，不仅生活方便，_____有机会认识更多的朋友。

第二课
做一个计划

课前热身

1. 你一般是怎么过完一天的？
2. 明天要做什么，今天你会先想好吗？
3. 说一说你最近两年的打算。

开心词典

通过[1]　　　tōngguò　　　　动词、介词

例：我通过他认识了我现在的女朋友。

通过这件事情，我知道爸爸其实是很爱我的。

利用[2]　　　lìyòng　　　　动词

例：利用这片地方　利用这三千块钱　好好利用这个机会

我想利用暑假去云南旅游。

制订³　　　zhìdìng　　　　　动词

　　例：制订计划　制订出来

　　　　在做事情之前，一定要制订一个清楚的计划。

计划⁴　　　jìhuà　　　　　　名词、动词

　　例：工作计划　按计划　改变计划

　　　　说说你最近五年的计划。//这个周末怎么过，你计划好

　　　　了吗？

实施⁵　　　shíshī　　　　　　动词

　　例：实施计划　很难实施

　　　　制订计划很容易，但实施起来却没那么容易。

有意⁶　　　yǒuyì　　　　　　副词

　　例：对不起老师，我不是有意迟到的。

　　　　我们有意不告诉她，是为了给她一个惊喜。

　　【反】无意　wúyì

此外⁷　　　cǐwài　　　　　　连词

　　例：我们班有 10 名印尼学生、8 名泰国学生，此外还有 2 名韩国

　　　　学生。

　　　　他爱好唱歌、跳舞，此外，也喜欢练习书法。

交流⁸　　　jiāoliú　　　　　动词

　　例：交流彼此的想法　无法交流　文化交流

　　　　他不爱跟别人交流。//你在家用什么话和父母交流？

背⁹　　　　bèi　　　　　　　动词

　　例：背唐诗　背得很流利　不会背

　　　　背课文是学习外语的好方法。

坚持¹⁰　　jiānchí　　　　　动词

　　例：坚持下去　坚持三个月　坚持到明年

　　　　爷爷八十岁了，还每天坚持读书。

　　　　以前我学过钢琴，但是没坚持下来。

　　【反】放弃　fàngqì

决心[11]　　juéxīn　　　　　　　　名词、动词

例：下不了决心　有决心　决心很大
我下决心以后努力学习。//她决心从明天开始早睡早起。

足够[12]　　zúgòu　　　　　　　　动词

例：足够的水　足够的时间
从这儿走到那儿，一个小时足够了。
爸爸每个月给我三千块，足够我花了。

本来[13]　　běnlái　　　　　　　　副词

例：我本来可以考100分的，但是不小心写错了一个字。
不是我不让他去，是他本来就不想去。

留[14]　　liú　　　　　　　　动词

例：别吃完了，给我留点儿。
你们三个人留下，我有事跟你们说。
好吃的，妈妈常常给我留着。
放学后，他一个人留在教室写作业。

汉字乐园

背　bèi、bēi　| 北 + 月 |

背 bèi，后背。上面"北"表示读音，下面是"月"，如果一个汉字有"月"，那它就常常和身体有关系，比如脚、脸。还有_____、_____、_____。

背 bēi，就是把人或者东西放在背上。例如，爸爸背着孩子，孩子背着书包。

底　dǐ　| 广 + 氐 |

"低""抵""底"都有一个"_____"，请读一读

这三个字。

　　"底"本来的意思是东西最下面的部分，比如"碗底儿""杯子底儿""海底"等。

　　后来"底"引申为"最后"，比如"年底、月底"就是一年、一个月的最后；"坚持到底"就是坚持到最后；"问到底"就是问到最后，一直到问明白。

本　běn　　木 + 一

　　"木"下面加"一"，也就是指树木的"根"。

　　树有根，人呢？请想一想"不忘本"是什么意思。

课文

学习计划

　　汉林希望通过[1]两年的学习，能说一口流利(liú lì)的汉语。师兄师姐(shīxiōng shī jiě)告诉他，除了上课之外，课外时间怎么利用[2]也很重要，要找各种机会多说汉语，最好是制订[3]一个学习计划[4]。

　　说做就做，汉林给自己制订了一个计划，并且(bìngqiě)很快就开始实施[5]了。中午在餐厅吃饭，他有意[6]坐在一个中国学生旁边，边吃边用汉语跟他聊天。每周三下午有两节课是"唱歌学中文"，每次他都早早过去占(zhàn)前排(pái)的座位(zuò·wèi)，他觉得学唱中文歌让汉语学习变得更有意思了。晚饭后，他到汉语角(hàn yǔ jiǎo)和几个中国学生聊电

★除了……之外

除了北京之外，我哪儿都没去过。

★并且

聪明并且努力

姐姐顺利地毕了业，并且找到了一份很好的工作。

★占

她用书包帮朋友占了一个座位。

影、音乐什么的，聊得很开心，还约好如果有新电影就一起去看。此外[7]，他还报名参加了中国学生组织的

dēng//shān jù lè bù
登　山俱乐部。为了更好地跟别人交流[8]，他背[9]了很多词语和句子。

　　计划实施了两个星期，汉林的汉语就有了很大的进步，现在连做梦都在说汉语了。人们常说"万事开头难"，其实更难的是坚持[10]下去，时间一长，人就会

lǎn　　　　　　　　　　　dào dǐ
变懒。汉林下决心[11]要坚持到底。

★连……都

他连自己的名字都不会写。

他连啤酒都不能喝，更别说白酒了。

★坚持到底：坚持到最后。

会话 1

gǎi diào
改掉坏习惯

汉林：哟，练习书法呢。

同屋：＿＿＿＿＿＿＿＿＿＿＿，我想练习书法应该对记汉字有帮助吧。

汉林：每天练肯定会有帮助的。

shài
同屋：唉，我是三天打鱼，两天晒网。你说和写都比我好得多，有什么好方法吗？

汉林：＿＿＿＿＿＿＿＿＿＿＿，只不过花多点时间罢了。

guǎn bù zhù
同屋：可是，我常常管不住自己，平时总想泡在网上。

dīng
汉林：不能总是盯着电脑，很伤眼睛，对身体也不好。

dào·lǐ
同屋：道理我也懂，＿＿＿＿＿＿＿＿＿＿＿。

jìn shì　　　　　　tuì bù
汉林：我以前爱玩电脑游戏，不仅眼睛近视，学习也退步了。后来下定决心慢慢就改掉了。

同屋：_____。

汉林：你可以制订个学习计划，每天坚持去做，这样就没有时间玩游戏了。

同屋：好，那你一定要多提醒我啊。

☞下面的句子，填在哪儿合适？

1. 对呀，学过的汉字总是记不住
2. 我也一定要改掉这个坏习惯
3. 只是做到有点儿难
4. 哪里有什么好方法

会话 2

你有什么打算

汉　林：大伟，你打算学多长时间的汉语？

刘大伟：一年吧，我要自己 挣 学费（zhèngxué fèi），如果挣到足够[12]的钱，就再学一年。你呢？

汉　林：我本来[13]计划学两年，现在有点儿 变 化（biàn huà）。打算学完两年后，再转到 商 贸（shāngmào）汉语 专 业（zhuān yè）继续学习。孙克，你呢？

孙　克：我想学四年，毕 业（bì // yè）后留[14]在中国，将 来（jiāng lái）找一个中国太太。

汉　林：然后 生（shēng）一个漂亮的混血儿（hùnxuè'ér）。

孙　克：哈哈，一个不够，要多生几个。你们俩毕业后有什么打算呢？

汉　林：我得回国帮老爸打理 生 意（dǎ lǐ shēng·yi）。我们家开（kāi）了间 公 司（gōng sī）。

刘大伟：我对 东 方（dōngfāng）文化很感兴趣，毕业后，想研究（yán jiū）孔子（Kǒng zǐ）的思 想（sī xiǎng）。

孙　克：我打算以后在中国一边工作，一边旅行。我喜欢旅行，将来想
　　　　当一名导游。

刘大伟：那你就开一家旅行社吧。

孙　克：这个想法不错，可以考虑考虑。

能说会用

功能1：教导

1. 可不能总是盯着电脑，很伤眼睛，对身体也不好。
2. 时间宝贵，不可以浪费！
3. 早起早睡，一日三餐记得按时吃。
4. 你一定要好好学习啊！
5. 出门在外，要注意安全。
6. 和长辈、老师说话得有礼貌。

☞练一练：

回忆下从小到大，你的父母和老师常常对你说的那些话。请大家说一说。

功能2：下决心

1. 我也一定要改掉这个坏习惯。
2. 今天我不做完不吃饭。
3. 我说到做到，要是我做不到，我请大家吃饭。
4. 我非把汉语学好不可。
5. 无论多贵，我都要买给妈妈。
6. 我向您保证，以后我一定每天来上课。

☞练一练：

最近两个月，你每天晚上都睡得很晚，早上起不来，上课常常迟到，所以上周的考试只得了 48 分。你决心要改变，那你怎么向老师表明你的决心？

你知道吗

万事开头难

我们做事情都有这样的感受，就是在我们刚开始做的时候要花很多时间，感觉很困难，等慢慢熟练了，到后面就会做得越来越快，感觉越来越轻松。学习汉语也一样，刚开始的时候觉得很难，但是等入门以后，就发现其实还好。

但是，除了"开头难"，"坚持到底"也一样难，很多人做事情做到一半就不想做了，放弃了，真的很可惜。古人告诉我们要"善始善终"，只有坚持到最后，才能取得最后的成功，收获成功的喜悦。

经典诵读

Xíng bǎi lǐ zhě bàn jiǔ shí
行 百 里 者 半 九 十。

练习

一、写出有下列部件的字

辶_____　_____　　　忄_____　_____

刂_____　_____　　　方_____　_____

田_____　_____　　　小_____　_____

二、照例子组词，并读一读

例：师兄　　师姐　　<u>师傅</u>

电费	学费	_____		打车	打球	_____
星期	假期	_____		交钱	交作业	_____
开车	开会	_____		当翻译	当老师	_____

三、请把词语与相应的意思连线，并用它们完成句子

背　　　　　　　　　　用

盯　　　　　　　　　　有时间但是什么都不愿意做

利用　　　　　　　　　打算

计划　　　　　　　　　除了前面说的以外

懒　　　　　　　　　　记在脑子里，然后说出来

此外　　　　　　　　　在太阳下

晒　　　　　　　　　　眼睛不动地看很长时间

1. 你会_____唐诗吗？

2. 我想_____这个暑假去云南旅游。

3. 他去超市买了被子、衣服架、洗发水等，_____还买了一些吃的。

4. 不要每天_____着手机，对眼睛不好。

5. 每次制订的_____，你都能完成吗？

6. 我们班有一个学生很_____，常常在宿舍睡觉，不来上课。

7. 把被子拿到阳台上去_____。

四、写出加点字的反义词

1. 他做什么事都不能坚持到底。（　　　　　）

2. 爸爸很勤快（qín·kuai），每天帮妈妈洗衣服、做饭。（　　　　　）

3. 花钱是非常容易的事情。（　　　　　）

4. 很多外国人对东方文化很感兴趣。（　　　　　）

5. 他的汉语有了很大的进步。（　　　　　）

6. 你走的时候不要忘记关灯。（　　　　　）

五、写量词

一（　　）山　　　　一（　　）导游　　　　一（　　）旅行社

一（　　）生意　　　　一（　　）公司　　　　一（　　）课

六、选词填空

决心　想法　思想

1. 他下_____改掉自己的坏习惯。

2. 大伟除了学汉语，还想了解孔子的_____。

3. 这个_____很特别，一般人是不会这样想的。

通过　足够　留　坚持　本来　有意　占　实施　道理　打理

1. 不管刮风下雨，他都_____跑步。

2. 在广州，一个月三千块，_____花了。

3. 对不起，老师。我不是_____不写作业的，真的是昨天太忙了。

4. _____这次交流，她们知道了彼此的想法。

5. 我先去_____个座位。

6. 好吃的东西，妈妈常常给我_____着。

7. 寒假，我_____不打算回国的，但是奶奶病了，所以我不得不回去。

8. 计划呀，制订容易，_____难。

9. 放假的时候，我常帮父母_____生意。

10. 大人要给孩子讲_____。

七、用给出的词语改写句子

1. 大家听写都 90 多分，只有小兰 80 多分。

_____。（除了……之外）

2．这么简单的问题，他不知道。

_____。（连……都）

3．听说你爸爸是大老板，有很多钱。

回答：_____。（哪里）

4．她长得很漂亮，学习也很努力。

_____。（并且）

5．他学习英语常常是学几天就放那儿了，下次想起来再学。

_____。（三天打鱼，两天晒网）

八、将下列句子补充完整

1．老师：_____，不能浪费时间。

2．妈妈：_____，自己照顾好自己。

3．爸爸：_____，不要每天待在宿舍。

4．我这次考试又没有通过，下次_____。

5．老师：你保证以后不迟到了？

　　学生：我说到做到，要是_____。

九、写一写，要求用到括号里的词

你为什么要学习汉语？计划学多长时间？学习汉语有什么好方法？学好汉语之后你有什么打算？（为了、通过、流利、管不住、利用、制订、坚持、毕业、将来、专业、当）

_____

_____

_____

_____

_____

_____

十、看一看，说一说

事项	时间
起床	5：10
晨跑	5：30—6：00
早自习	6：10—7：00
早饭、打扫卫生	7：00—8：00
第一节	8：10—8：55
第二节	9：05—9：50
眼保健操	9：50—10：10
第三节	10：10—10：55
第四节	11：05—11：50
午饭	11：55—12：40
午休	12：40—14：40
第五节	15：00—15：45
第六节	15：55—16：40
第七节	16：50—17：35
课外活动、晚饭	17：40—19：00
晚自习一	19：10—20：00
晚自习二	20：10—21：00
晚自习三	21：10—22：00
熄灯	教室22：05，宿舍22：30

1. 上表是中国一所高中的时间表，看了以后你想到了什么？你的高中是什么样的？

2. 试着制订一个计划，把最近几天要做的比较重要的事情写一写。

(1) _____

(2) _____

(3) _____

(4) _____

(5) _____

十一、每个空填一个词

建议　计划　活动　交流　就　此外　来　晒　位　首

老师说，学习汉语不能三天打鱼，两天_____网。老师_____大家制订一个学习_____，并且要坚持下去。汉林说做_____做，在餐厅吃饭时，他故意坐在中国学生旁边，认识了几_____漂亮的学姐，她们都喜欢和他聊天。他学了很多_____中文歌，下周还准备和朋友们去 KTV 呢。晚饭后，他还常去汉语角练习口语。_____，他还参加了很多别的_____。为了更好地与别人_____，他背了很多句子。有一天早上醒_____，他的同屋告诉他，昨天晚上他说梦话了，说的是：我是印尼人，我爱学习中文。

第三课
我要去旅行

课前热身

1. 放假的时候，你一般怎么过？上面四种，你选哪一种？为什么？
2. 如果出去玩，你喜欢去哪里呢？是一个人还是跟朋友一起？为什么？

开心词典

抬[1]　　　tái　　　　　动词

例：抬头看黑板　抬桌子　抬起来　抬不动
麻烦你们把这张桌子抬到那边去。

伸[2]　　　shēn　　　　　动词

例：伸手　伸舌头　伸直　伸出来
太冷了！她把手伸到口袋里暖和暖和。

【反】缩　suō

摘[3]　　　zhāi　　　　　动词

例：摘草莓　摘帽子　摘掉眼镜
他伸手摘下一个苹果。//请把耳机摘下来，认真听我说。

吓[4]　　　xià　　　　　动词

例：别吓我　吓了一跳　挺吓人的
小孩子吓得哭了起来。//爸爸大叫一声，把那只狗吓跑了。

缩[5]　　　suō　　　　　动词

例：天气很冷，他喜欢把脖子缩在衣服里。
那个东西突然一动，吓得她把手缩了回来。

莫名其妙[6] mòmíngqímiào

例：让人感到莫名其妙　莫名其妙地笑了起来
刚才她还好好的，突然就生气了，真是莫名其妙。

随身[7]　　suíshēn　　　　形容词

例：他有随身带水杯的习惯。//出门在外，最好随身带着护照。
大的东西寄快递，小的可以随身带回家。

羡慕[8]　　xiànmù　　　　动词

例：羡慕别人　让人羡慕
同屋得了八千块的奖学金，我很羡慕她。

当天⁹　　　dàngtiān　　　　　名词

例：当天去当天回

那个地方不太远，我们早点出发，当天就能回来。

安全¹⁰　　　ānquán　　　　　形容词

例：安全第一　交通安全　感到安全　安全到家

坐火车比坐飞机安全。//过马路的时候，一定要注意安全。

【反】危险　wēixiǎn

鼓励¹¹　　　gǔlì　　　　　动词

例：互相鼓励　鼓励的话　感谢您对我的鼓励

老师鼓励我们多说汉语，不要怕说错。

倒¹²　　　dào　　　　　副词

例：你倒好，老师在上面辛苦地讲，你在下面睡觉。

你说的倒也对。//这双鞋价格便宜，质量倒挺好的。

拜托¹³　　　bàituō　　　　　动词

例：那这件事就拜托您了。//拜托你明天帮我拿个快递。

记得¹⁴　　　jì·de　　　　　动词

例：记得很清楚　不太记得了　记得有一次

明天出门记得带雨伞。

记得小时候，妈妈常常给我讲故事。

【反】忘记　wàngjì

汉字乐园

言　yán

古文字：𠄌，下面是 𠙵（口），上面是 Ｙ（舌头）。像口中的舌头在动，也就是在说话，比如"发言、言谈"。

"言"还指"说的话"，比如"语言、方言"等。

采　cǎi　⎡⎤ ⺧+木

"采"像一只手在摘取树上的果实。现在除了"采果子、采花、采茶"外，还有"采集、采购、采访"等。

安　ān　⎡⎤ 宀+女

古文字：🏠，∧（宀）是新房子，🧍（女）是女人，一个男人的新房子里坐着一位新娘，那么他的生活就可以安定下来了。

想一想有哪些汉字带"宀"？

课文

快乐的周末

春天是<ruby>郊游<rt>jiāoyóu</rt></ruby>的季节。周末，几个中国朋友约汉林一起去<ruby>爬山<rt>páshān</rt></ruby>。

他们早上七点坐大巴车<ruby>出发<rt>chūfā</rt></ruby>，八点多就到了那座山附近的<ruby>县城<rt>xiànchéng</rt></ruby>。下车后，他们向一位本地人问路，那个人说得很快，汉林一句也没听懂。中国朋友说那个人说的是<ruby>方言<rt>fāngyán</rt></ruby>，发音和普通话很不一样，他们也听得半懂不懂。他们又<ruby>步行<rt>bùxíng</rt></ruby>了半个多小时，才到山

★一……也/都
他一句汉语也不会说。
你怎么一个字都没写。
★方言
广东话、福建话都是很难懂的方言。
★半懂不懂：只懂了一些。

30

脚。抬[1]头望去，看不到山顶(shāndǐng)，只见半山腰(shānyāo)有很多云雾。山路崎岖(qíqū)，路边开满了五颜六色的野花(yěhuā)。汉林伸[2]手想摘[3]一朵，一个中国朋友说"路边的野花不要采(cǎi)"，吓[4]得他缩[5]回了手。朋友都哈哈大笑起来(//·qǐ//·lái)，笑得他莫名其妙[6]。汉林问他们笑什么，他们不告诉他，让他回去找答案(dá'àn)。

他们一边爬山，一边欣赏美丽的风景，快到中午才爬到山顶。这时云雾已经散去，可以清楚地看到山下的农田(nóngtián)和村庄(cūnzhuāng)。他们在山顶休息了一会儿，吃了点儿随身[7]带的吃的，然后就一路唱着歌下了山。回到学校，天已经黑了，他们感觉又累又困(kùn)，但是觉得十分开心。

★满
他的房间放满了东西。
她的书上写满了字。

★起来
跑起来
说起来
下起雨来
聊起天来

会话 1

先谢谢你

王佳丽：真快，明天又到周末了，你有什么安排？

汉　林：我要跟朋友去郊外(jiāowài)爬山。对了，佳丽，麻烦你明天帮我收个快递吧。

王佳丽：不好意思，我明天也不在学校，我要去看外婆(wàipó)。

汉　林：＿＿＿＿＿＿＿＿＿＿＿＿＿＿＿＿＿＿＿＿。

王佳丽：对了，你问问大伟，他在的话可以让他帮你收一下。

汉　林：哎，对，＿＿＿＿＿＿＿＿＿＿＿＿＿＿＿，多谢你的提醒。

王佳丽：这个季节郊外风景一定不错，别忘了多拍几张照片，回来给我看看。

汉　林：没问题。哎，你外婆家在哪儿？

王佳丽：_____，还有我舅舅和姨妈都在这里。

汉　林：哇，有那么多亲人在这儿！真羡慕[8]你！

王佳丽：你什么时候有空的话，_____。

汉　林：真的吗？那先谢谢你。有时间我一定去。

☞下面的句子，填在哪儿合适？

1. 就在广州啊
2. 可以跟我一起去外婆家玩儿
3. 没关系，我再找找其他人
4. 我怎么把大伟给忘了

会话 2

旅行也是一种学习

罗志龙：爸爸，"五一"假期我打算跟同学一起去西安旅行。

爸　爸：坐飞机还是火车？

罗志龙：高铁，当天[9]就到了。

爸　爸：出 门 （chū//mén）在外，一定要注意安全[10]啊！

罗志龙：放心吧！对了，老爸，还有件事，我还想过段时间去云南（Yún nán）一趟。

爸　爸：要去这么多地方啊！

罗志龙：你不是鼓励[11]我多出去走走吗？

爸　爸：倒[12]也是，旅行也是一种学习。

罗志龙：那旅行<ruby>费<rt>fèi·yong</rt></ruby> 用 就<ruby>拜托<rt></rt></ruby>[13]老爸了。我<ruby>记得<rt></rt></ruby>[14]老爸的话，"读万<ruby>卷<rt>juàn</rt></ruby>

书，行万<ruby>里<rt>lǐ</rt></ruby>路"。

爸　爸：你倒<ruby>聪　明<rt>cōng·míng</rt></ruby>。"行万里路"你是做到了，"读万卷书"呢？

能说会用

功能1：委托

1. 佳丽，麻烦你明天帮我收个快递吧。
2. 你可以帮我看着这些东西吗？我去一下卫生间。
3. 你去超市的话，能不能顺便帮我捎点儿水果？
4. 请把这把钥匙交给她。
5. 你告诉他，让他明天上午九点来办公室找我。
6. 这件事就拜托你了！

☞练一练：

你养了两盆花，寒假要回国一个多月，但是花需要有人给它浇水，你的一位同学正好放假不回去，所以你想请她帮忙。你该怎么请她帮忙呢？

功能2：引起注意

1. 对了，老爸，还有件事。
2. 哎，大家请注意！
3. 嗨！我在这儿！
4. 喂！这里不可以抽烟！
5. 你看！那个人好高。
6. 你听！这是什么声音？

☞练一练：

下课的时候，班里很热闹，大家都在大声地聊天。这时，班长要通知一件事情，他会怎么说，怎么做呢？

你知道吗

中国的假期

在中国，主要的假期有以下七个：

（一）元旦，放假1天（1月1日）

（二）春节，放假7天（农历除夕至正月初六）

（三）清明节，放假1天（清明节当日）

（四）劳动节，放假1天（5月1日）

（五）端午节，放假1天（农历五月初五）

（六）中秋节，放假1天（农历八月十五）

（七）国庆节，放假7天（10月1日到10月7日，含两天调休）

在上面的七个假期里，很多人会选择出去旅游，所以可以看到旅游区到处都是人，非常热闹。如果你是老师、学生，除了这几个假期，还享有很长的寒暑假，一般来说，暑假是七八月，寒假是在一到二月。除此之外，还有一些特别的假，比如儿童节小学生放假、给孕妇的产假等。现在一些公司还采用了更灵活的放假方法，员工可以选择平时多加班，自己决定放假休息的时间。

经典诵读

Jiǔ céng zhī tái qǐ yú lěi tǔ qiān lǐ zhī xíng shǐ yú zú xià
九 层 之 台，起 于 磊 土；千 里 之 行，始 于 足 下。

练习

一、组词或短语

山：＿＿＿＿＿＿　＿＿＿＿＿＿　＿＿＿＿＿＿

郊：_____　　　_____　　　_____
出：_____　　　_____　　　_____
爬：_____　　　_____　　　_____
抬：_____　　　_____　　　_____

二、连一连

摘　　　　也是　　　　　　安全　　　　极了
伸　　　　水果　　　　　　旅行　　　　死了
倒　　　　手　　　　　　　困　　　　　问题
找　　　　答案　　　　　　聪明　　　　费用

三、请把词语与相应的意思连线，并用它们完成句子

羡慕　　　　　　　带在身上或身旁
摘　　　　　　　　花的钱
随身　　　　　　　让人不明白、不理解
费用　　　　　　　希望自己也能那样
困　　　　　　　　用手弄下来
莫名其妙　　　　　地方话
方言　　　　　　　没有精神，想睡觉

1. 上课，李龙突然笑了起来，大家都觉得他_____。
2. 我在中国留学，一年的_____是两万元。
3. 因为昨天晚上没睡好，所以今天上课的时候很_____。
4. 我很_____她有一个幸福的家庭。
5. 她每天来上课都会_____带几块巧克力。
6. 你会说什么_____？
7. 春天的时候，我和朋友一起去郊外_____草莓。

四、请给下面的多音字注音并组词

当{（   ）（   ） 倒{（   ）（   ） 发{（   ）（   ）
{（   ）（   ）   {（   ）（   ）   {（   ）（   ）

五、写出反义词

伸——   安全——   出发——   出门——

困——   聪明——   农村——   记得——

六、选词填空

抬　伸　缩

1. _____头看，天上是什么？

2. 医生让我_____出舌头。

3. 他正要用手摸，那个东西忽然动了一下，吓得他赶紧把手_____了回来。

4. 麻烦你们两个人把这张桌子_____走吧。

鼓励　拜托

1. 老师常常_____我们聊天的时候用汉语。

2. 明天我不在学校，_____你帮我拿一下快递，可以吗？

记得　当天　出发　爬　安全　吓

1. 这个地方我们来过，你还_____吗？

2. 电梯坏了，我只好_____楼梯上去。

3. 我们明天几点_____？

4. 大晚上的你不要_____我。

5. 我们早点出发，_____晚上就能到。

6. 过马路的时候一定要注意_____。

七、用给出的词语改写句子

1. 刚来中国的时候，我不会写汉字，一个也不会。

_____。（一……都……）

2. 这个问题，他好像听懂了，又好像没听懂。

_____。（半……不……）

3. 他特别聪明。

_____。（十分）

4. 他的桌子上放了很多东西，没有空地儿了。

_____。（满）

5. 看到这张照片，大家都开始笑。

_____。（起来）

6. 旅游的时候你想让别人帮你拍张照片，应该怎么说？

回答：_____。（麻烦）

八、连词成句

1. 每天　早上　爸爸　出门　七点　半

_____

2. 的　这道题　答案　知道　你　吗

_____

3. 女生　安全　一个人　在　住　不太　外面

_____

4. 假期　打算　跟　"五一"　旅游　朋友　一起　去　我

_____

5. 那　小孩　被　吓　只　个　一　狗　哭　了

_____

九、请把下面的句子按正确的顺序排列

（　　　）山路崎岖，路边开满了花，风景很不错。

（　　　）我们七点从学校出发，上午九点多才到山脚。

（　　　）快到中午的时候，才爬到山顶。

（　　　）到了山脚，我和朋友们马上就开始往上爬了。

（　　　）我们在山顶休息了一会儿，然后就一路唱着歌下了山。

（　　　）我们一边爬一边拍照，想把这美丽的风景留在相机里。

十、完成下面的对话

大伟：寒假你有什么打算？

家贝：我得回国，因为＿＿＿＿＿＿＿＿＿＿。你呢？

大伟：我不打算回了，机票很贵。

家贝：也是，来回要一万元呢。对了，大伟，可以＿＿＿＿＿＿＿＿＿＿？

大伟：没问题，你说吧。

家贝：能不能拜托你＿＿＿＿＿＿＿＿？

大伟：我还以为是什么事呢！没问题，包在我身上了。

家贝：＿＿＿＿＿＿＿＿，回头我从印尼给你带好吃的。

大伟：不用客气。

十一、每个空填一个词

　　志龙的爸爸常常告诉他，要"读万＿＿＿＿＿书，行万＿＿＿＿＿路"。志龙决定先从"行万里路"做起。上周末他就跟汉林还有几位中国朋友一起去＿＿＿山了。他们是八点坐大巴车出发＿＿＿＿＿，花了三个多小时才到山脚。山很高，＿＿＿＿＿头望去看不到山顶。他们一边爬一边欣赏美丽＿＿＿＿＿风景，现在是春天，路边开＿＿＿＿＿了五颜六色的花，鸟儿在树上欢乐＿＿＿＿＿歌唱。快到中午的时候，他们＿＿＿＿＿爬到山顶，他们围坐成一个圆圈，拿出自己随身带的好吃＿＿＿＿＿与朋友一起分享，他们一边吃一边＿＿＿＿＿玩笑，每个人都非常开心。

第二单元

第四课

出门靠朋友

课前热身

1. 你喜欢一个人住，还是喜欢有同屋？
2. 你以前有过同屋吗？如果有，给大家介绍一下。

开心词典

性格[1]　　　xìnggé　　　名词

　　例：性格内向　性格很直　性格比较急
　　　　他性格很好，大家都很喜欢他。
　　　　她的性格比较适合当老师。

待[2]　　　dāi　　　动词

　　例：待在房间　待一会儿　待不住
　　　　你打算在那儿待多长时间？//她喜欢一个人静静地待着。

渐渐³　　　jiànjiàn　　　副词

　　例：我对他的看法，渐渐地改变了。

　　　　晚上十点以后，马路上的车渐渐少了。

成⁴　　　chéng　　　动词

　　例：几年不见，他成了一名演员。

　　　　后来，他们俩成了男女朋友。

忽然⁵　　　hūrán　　　副词

　　例：忽然发现　忽然听到　忽然想起来

　　　　我正在看电视，忽然停电了。

　　　　我们正在外面玩，忽然下起大雨来。

感动⁶　　　gǎndòng　　　形容词、动词

　　例：特别感动　感动极了　让人感动的故事

　　　　感动得流下了眼泪

　　　　同学们的关心让我很感动。

受伤⁷　　　shòu//shāng动词

　　例：受了点小伤　身受重伤　容易受伤

　　　　踢足球的时候，他的腿不小心受伤了。

　　　　女朋友和他分手了，他的心很受伤。

扶⁸　　　fú　　　动词

　　例：扶起来　扶好　扶一下眼镜

　　　　你扶着她，别让她摔倒了。//老人扶着树，站了起来。

积极⁹　　　jījí　　　形容词

　　例：十分积极　积极的学生　积极参加

　　　　上课的时候，他总是积极回答老师的问题。

熟练¹⁰　　　shúliàn　　　形容词

　　例：比较熟练　熟练工人　熟练的动作

　　　　这篇课文他背得很熟练。

影响¹¹　　　yǐngxiǎng　　　动词、名词

　　例：有影响　受影响　影响学习

父母对孩子的影响很大。

在同桌的影响下，他也越来越努力了。

爸爸正在工作，不要影响他。

动作[12]　　　dòngzuò　　　名词

例：跳舞的动作　很美的动作　做动作

这个动作很难，我做不了。

赶紧[13]　　　gǎnjǐn　　　副词

例：赶紧吃　赶紧跑　赶紧睡觉　赶紧去医院

马上要下雨了，赶紧把窗户关上。

辛苦[14]　　　xīnkǔ　　　形容词、动词

例：辛辛苦苦　生活辛苦　学习很辛苦

爸爸每天辛苦地工作，连周末也不能休息。

老师，辛苦您了！//辛苦你跑一趟。

害[15]　　　hài　　　动词

例：昨天停水了，害我没洗成澡。

记得有一次我发高烧，害得妈妈一夜没睡觉。

连累[16]　　　lián·lei　　　动词

例：他自己做了坏事，还连累到家人。

我家失火，连累了邻居。

汉字乐园

孤　gū　　子 + 瓜

古文字 𤓋，左边只有一个孩子（𤘐），一个孩子失去了父母，就是孤儿，一个人常会觉得"孤独、孤单"。

敲　qiāo　　高 + 攵

古文字 𣪊，高（高）表示声音。

（攵），像一只手拿着一个东西在敲打。

影　yǐng　　日 + 京 + 彡

"影"的左边是"景"，上面是"日"（⊖）；下面是"京"（𣂶），

"京"是古代建的能看远处的高大的亭台，如图 。

请看左图，猜一猜"彡"是什么？

写一写你学过的带"影"的词：身影、_____、_____。

课文

一对好姐妹

　　丽珍和慧静<u>不仅</u>（bù jǐn）是同班同学，<u>而且</u>（ér qiě）是同屋。丽珍是来自老挝（Lǎo wō）的华裔（huá yì），性格[1]温柔体贴（wēn róu tǐ tiē）。慧静来自柬埔寨（Jiǎn pǔ zhài），长得很漂亮，而且能歌善舞（néng gē shàn wǔ）。两个人，除了上课，课外时间也常待[2]在一起。她们一起报名参加学校举行的汉语歌曲大赛，一句一句地跟着原唱（yuán chàng）练习；周末，有时候她们很早起床，一起去喝早茶；她们常常一起逛街，用不太流利的汉语和老板讲价；放

★不仅……而且……

　　她不仅歌唱得好，而且舞跳得很棒。

　　他不仅会说汉语，而且会写中文。

★一……一……地

　　一课一课地学

　　一口一口地吃

　　一步一步地往上爬

假的时候，她们一起去旅游，拍了很多漂亮的照片，

★洗
洗照片

还洗（xǐ）了一些出来，贴在了宿舍的 墙（qiáng）上。渐渐[3]地，她

们成[4]了一对（duì）形影不离、无话不谈（wú huà bù tán）的好姐妹。姐妹俩

常常互相帮助，照顾彼此。

★对
一对夫妻
一对双胞胎
一对枕头

有一天晚上，慧静在图书馆看书，忽然[5]下起了大

雨，她没带伞，丽珍就冒（mào）着大雨给她送来了雨伞，感

★冒着
冒着危险
他冒着大火跑进教室，把一个孩子抱了出来。

动[6]得她不知道说什么好。还有一次，丽珍的脚（jiǎo）不小心

受伤[7]了，慧静就每天扶[8]着她去教室，帮她拿东西、

帮她买饭。大家都说她们俩就像亲姐妹一样。

会话 1

我们一起加油

（为参加学校的汉语歌曲比赛，晚上，两个人在宿舍积极[9]地准备着……）

丽珍：慧静，这句我还是唱不好。

慧静：没事，咱俩一起唱"朋友不曾孤单（bù céng gū dān）过，一声朋友你会懂"，对，

慢一点儿，低（dī）一点儿。

丽珍：唉，我真不是唱歌的料（liào）。

慧静：丽珍，别着急，熟练[10]了就好了，我们一起加油！

丽珍：好的，今天先到这儿，明早接着练。十点了，睡美容觉去喽！

慧静：你已经很美了。

丽珍：哪里哪里，还要继续努力！

慧静：丽珍，你先睡，我还有点儿事。

（丽珍 ^{tǎng}躺 在床上听着慧静^{pī·li pā lā}噼里啪啦的 ^{qiāojiànpán}敲 键 盘声，怎么都睡不着……）

丽珍：慧静，你在忙什么呢？

慧静：噢，一个朋友心情不好，想和我聊聊天。不好意思，是不是影响[11]你休息了？

丽珍：没事。你跟他好好聊聊。

慧静：那我动作[12]尽量轻点。

丽珍：没关系，你忙你的，我听一会儿课文^{lù yīn}录音，很快就能睡着。

慧静：呵呵，这个方法好。

丽珍：你忙完了也早点睡，晚安。

慧静：嗯，晚安。

会话 2

我在这儿陪着你

（晚上，慧静的肚子不知为什么^{téng}疼 了起来，丽珍赶紧[13]送她去了医院……）

丽珍：医生，_____？

医生：是^{jí xìngchángyán}急 性 肠 炎，先^{shū}输两瓶^{yè}液，然后^{zhù//yuàn}住　院 观察一天。

丽珍：嗯，好的，医生。

慧静：丽珍，要输挺长时间吧。

丽珍：_____。

慧静：辛苦[14]你了，丽珍。

丽珍：_____！你病了，我当然要照顾你。你睡会儿吧，^{xǐng}醒 来肚子可能就不疼了。

慧静：嗯，好。

（慧静睡着了，丽珍坐在床边，看着她。）

丽珍：慧静，你醒了。_____？

慧静：不太疼了。丽珍，现在几点了？

丽珍：_____。

慧静：真不好意思，害[15]你一夜没睡，还连累[16]你不能去上课。

丽珍：没事，汉语可以以后慢慢学，你的身体才是最重要的。咱们是好姐妹，要有福同享，有难同当嘛！

☞下面的句子，填在哪儿合适？

1．客气什么

2．感觉好点儿了吗

3．早上五点了

4．请问她得了什么病

5．没事，我在这儿陪着你

能说会用

功能1：鼓励

1．我们一起加油！

2．我相信你肯定没问题。

3．继续努力，成功就在前方！

4．不要怕出错，没关系的。

☞练一练：

你陪朋友去参加一场比赛，马上就要上场了，但是她突然很紧张。你要说些什么话来鼓励她？

功能2：体谅

1．没关系，你忙你的。我听一会儿课文录音，很快就能睡着。

2．我理解你。

3．谁没有做错事的时候？没事，下次改，就行了！

4. 这件事不怪你，你也不想这样的，不是吗？

5. 大家都会原谅你的。

☞练一练：

你的同屋最近非常忙，每天很晚才睡，也没有时间打扫房间。他说其实他自己挺不好意思的，你怎么回答呢？和你的同桌来表演一下。

你知道吗

中国人的交友观

对于中国人来说，朋友和亲人、爱人一样重要。中国人认为：对待朋友，要有以下原则：

第一，坦诚，不可以骗朋友。

第二，言必信，行必果。答应了朋友的事情一定要做到。

第三，有福同享，有难同当。特别是当朋友遇到困难的时候，要帮朋友一把。

此外，当朋友做错了事的时候，要原谅他。宽以待人、严于律己。

经典诵读

Lù yáo zhī mǎ lì　rì jiǔ jiàn rén xīn
路　遥　知　马　力，日　久　见　人　心。

练习

一、给下面部件，先组字，再组词

扩{（　　）（　　　　）
 {（　　）（　　　　）

氏{（　　）（　　　　）
 {（　　）（　　　　）

占{（　　）（　　　　）
 {（　　）（　　　　）

西 {（　　）（　　　）　古 {（　　　）（　　　）　生 {（　　　）（　　　）
　 {（　　）（　　　）　　 {（　　　）（　　　）　　 {（　　　）（　　　）

二、连线组词，然后写一写

赶　　熟　　温　　连　　积　　性　　住

极　　累　　院　　格　　柔　　紧　　练

_____

三、写量词

一（　　）墙　一（　　）雨伞　一（　　）大雨　一（　　）照片
一（　　）书　一（　　）歌曲　一（　　）动作　一（　　）夫妻

四、选词填空

渐渐　忽然　赶紧

1. 我正在看电视，_____停电了。
2. 每天坚持练习，我的口语_____变好了。
3. 雨_____小了。
4. 看到老师来了，他_____把手机放在了口袋里。

冒　待　感动　受伤　扶　影响　孤单　辛苦　动作　害

1. 周末不要总是_____在房间，要出去运动运动。
2. 妈妈_____着大雨来学校给我送雨伞。
3. 这部韩国电视剧_____了很多人。
4. 男朋友和她分手了，她很_____。
5. 一岁的小表弟可以_____着墙走路了。

6. 在大家的_____下，他也开始参加活动了。

7. 当导游很_____。

8. 昨天晚上宿舍有几只蚊子，_____我一夜没睡好。

9. 一个人在中国留学，有时候会感觉有点儿_____。

10. 这个_____很简单，她一看就会做了。

五、完成句子

1. 写汉字要_____认真写，不要着急。（一……一……地）

2. 我们班的班长_____。（不仅……而且……）

3. 我不是_____，一首歌学了一个星期还不会唱。（……料）

4. 都怪你太慢了，_____。（害）

5. 公交车又慢又挤，我们_____。（还是）

6. 外面雨下得很大，但是她_____。（冒着）

六、连词成句

1. 我　像　同屋　和　无话不谈　一样　姐妹　的

_____

2. 时候　的　吃饭　可以　不　用　敲　筷子　碗

_____

3. 今天　作业　的　录音　是　三遍　听　课文

_____

4. 照片　的　把　他们　洗　墙上　贴在　宿舍　的　出来

_____

七、将下列句子补充完整

1. A：我很担心明天的考试不能通过。

　　B：我相信你_____

2. A：比赛马上要开始了，可是我突然很紧张。

B：_____

3．A：都怪我，害我们班没有赢。

　　B：_____

4．孩子：妈妈，我错了，我不该骗您。

　　妈妈：没事，_____

八、说一说

1．左边的宿舍，你觉得怎么样？

2．你的宿舍干净吗？平时你和同屋是怎样打扫房间的？

九、写一写

请介绍一位你的同屋。你和他/她发生过哪些有意思的或者难忘的事？写一写，然后读给全班学生听。（不少于100字）

_____

_____

_____

_____

十、每个空填一个词

丽珍和慧静报_____参加了学校举行的汉语歌曲大赛，可是丽珍不是唱歌的料，慧静就一句一句_____教她，她渐_____会唱了。一天晚上，她们正在宿舍积_____地准备着，忽然，慧静的肚子疼了_____来，丽珍_____紧把她送到了医院。医生让她先输两瓶液，然后住院观_____一天。丽珍陪在她的床边，一夜没睡。慧静很感_____，也觉得很不好意思。丽珍告诉她："我们是好姐妹，要有_____同享，有_____同当。"

第五课

大伟的好哥们儿

1. 你曾经和别人发生过不愉快的事情吗?
2. 当朋友做了对不起你的事，你会怎么做?

开心词典

活泼[1]　　　　huó · pō　　　　　　形容词

　　例：性格活泼　活泼的孩子
　　　　弟弟班上的学生个个活泼可爱。

各[2]　　　　　gè　　　　　　　　　代词

　　例：各种　各地　各班　各有各的看法
　　　　这所大学有来自世界各国的学生。

我和弟弟各有两部手机。

活跃[3]　　huóyuè　　　　动词、形容词

例：你来说个笑话活跃一下气氛。

我们班的同学很活跃，上课时积极回答问题，有时还和老师开玩笑。

【反】沉闷　chénmèn

抱怨[4]　　bào·yuàn　　　　动词

例：喜欢抱怨　抱怨别人　互相抱怨

他常常抱怨食堂的饭菜不好吃。

她抱怨说："父母一点儿都不理解我。"

随便[5]　　suíbiàn　　　　形容词

例：随便聊　随便看看　随便你

钱不可以随便花。//他随便拿起一本书看了起来。

负责[6]　　fùzé　　　　动词、形容词

例：认真负责　一点儿都不负责　很负责的老师　对孩子负责

这个事由我来负责。//我负责做饭，你负责洗碗。

巧[7]　　qiǎo　　　　形容词

例：你们俩的生日竟然是同一天？太巧了！

真巧！我正要去找你，你就来了。

那么巧，你也来这里吃饭。

打扰[8]　　dǎrǎo　　　　动词

例：不早了，我就不打扰了。//休息时间，请不要打扰。

不好意思，打扰您一下，人民医院怎么走？

收拾[9]　　shōu·shi　　　　动词

例：收拾桌子　收拾衣服　收拾干净

房间太乱了，我要好好收拾收拾。

你收拾好明天的行李了吗？

撞[10]　　zhuàng　　　　动词

例：撞树上了　撞坏

他跑得很快，不小心撞倒了一个小男孩儿。

他一边走路一边玩手机，不小心撞到墙上了，眼镜也撞坏了。

反应[11]　　　　fǎnyìng　　　　　名词、动词

　　例：没反应　反应很快　反应不过来

　　　　我和你说话，你怎么一点儿反应都没有。

修[12]　　　　xiū　　　　　　　动词

　　例：修电脑　修不好　修好了

　　　　我的手机坏了，想明天去手机店修一修。

弄[13]　　　　nòng　　　　　　动词

　　例：不好弄　弄错了　弄得很脏　弄清楚再说

　　　　妈妈刚给弟弟买了一个玩具，就被他弄坏了。

　　　　我去弄点儿吃的。

出（钱）[14]　　chū（qián）　　　动词

　　例：爸爸出钱让我来中国学习汉语。

　　　　今天是我请客，所以钱一定要让我来出。

顺便[15]　　　shùnbiàn　　　　副词

　　例：爸爸去北京办事，顺便在那里旅游了两天。

　　　　你去食堂吃饭，能不能顺便帮我打包一份炒面？

满足[16]　　　mǎnzú　　　　　动词、形容语

　　例：满足大家的要求　满足不了　感到满足

　　　　我对现在的生活很满足。

　　　　他一个月的工资是 8 000 块，但是他还不满足。

汉字乐园

朗　lǎng　　良＋月

左边"良（liáng）"表示声音，也表示意思"美

好"；右边"月"表示月光，"月光明亮、让人感觉美好"。所以"朗"有"明亮"的意思，比如"明朗、晴朗、朗朗星空"。

另外"朗"也指"声音响亮、清晰"，比如"朗读、朗诵"等。

围　wéi　|口+韦|

"韦"表示声音，"囗"是指用什么东西圈起来。

我们学过"围棋、围墙、围巾、周围"等。

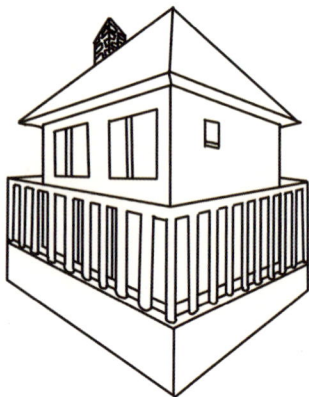

弄　nòng　|王+廾|

古文字 弄（小篆），上面的"王"也就是"玉"，下面的"廾"（𦥑）是一双手，"弄"就是用双手把玩玉器。

现在的"弄"可以代替很多动词，如"做、干、办"等。常用的短语有"弄坏、弄丢、＿＿＿＿、＿＿＿＿"等。

课文

大伟很忙

大伟是个中美混血儿，性格活泼[1]开朗、乐于助人(lè yú zhù rén)，喜欢交各[2]国朋友，同时(tóng shí)，对中国文化很有兴趣。来到中国以后，他积极参加各种活动，很多场合(chǎng hé)都能看到他活跃[3]的身影(shēn yǐng)。

上学期初，他报名加入了院学生会(xué shēng huì)。学生会经常协助(xié zhù)老师举办一些活动，如汉语大赛、新年晚会等。大伟个子(gè·zi)高，又比较强壮(qiáng zhuàng)，所以很多重活儿(huó r)、累活儿都是他干。他从来不抱怨[4]，每次都能很好地完成(wán//chéng)。

大家问他累不累，他说："一点儿都不累，能为大家服务，我很开心。而且在这个过程中，我交了很多朋友，汉语也进步了不少。"学期结束的时候，学院给他颁发(bān fā)了一个证书(zhèng shū)——"乐于助人奖"，他把证书拍了照，给妈妈发了过去，妈妈也很为他高兴，鼓励他继续做下去。同时，他的乐于助人还影响了周围(zhōu wéi)的同学，越来越多的人开始加入进来。

★乐于助人：喜欢帮助别人。

★同时

在学汉语的同时，也要了解一些中国文化。

我喜欢看书，同时，也喜欢去各地旅游。

★对……（没）有兴趣

他对中国历史很有兴趣。

我对爬山没有兴趣。

★初

月初 年初

★活儿

干活儿

干完活儿，再吃饭。

★把

把水倒进杯子里。

把房间关了门。

会话 1

不告诉你

（大伟来到孙克的宿舍门口，敲了几下门……）

大伟：孙克在吗？

孙克：在呢。来了……（打开门）呦，是大伟呀，快请进！随便[5]坐！

大伟：孙克，我想跟你借样 (jiè yàng) 东西。

孙克：没问题，只要是我有的，都可以借！

大伟：真够哥们儿 (gē·menr)！是这样，明天学生会要搞一个活动，我负责[6]带电脑。可是，不巧[7]，我电脑坏了，所以就想问问，明天能借你的电脑用用吗？

孙克：没问题。

大伟：太好了！对了，你的电脑有密码 (mìmǎ) 吗？

孙克：密码很简单，就是"不告诉你"。

大伟：啊？不告诉我？……噢，明白了，是"不告诉你"这四个字？

孙克：答对了，真聪明！

大伟：哈哈，有意思！谢谢你呀，我明天用完了，马上还给你。

孙克：没事，不用急着还。

大伟：那行，我就不打扰[8]你了。

孙克：拜拜，慢走！

会话 2

一定得让我请客

（周六晚上，大伟来还电脑，可是他非常不好意思……）

孙克：大伟，电脑用完了？_____？

大伟：噢，那个……还可以。

孙克：怎么了？怎么吞吞吐吐(tūntūn tǔtǔ)的？

大伟：孙克，_____。收拾⁹东西的时候，我不小心撞¹⁰到了桌子，电脑从桌子上掉了下来，键盘摔得没反应¹¹了。真对不起！

孙克：我还以为是什么大事呢。没事儿的，这台电脑我都用三年了，也该修¹²修了。

大伟：是我弄¹³坏的，修电脑的钱一定要让我出¹⁴。

孙克：不用不用，你电脑不是也坏了吗？_____。听说那附近有一家川菜馆特别好吃，咱们顺便¹⁵去尝尝，怎么样？

大伟：好啊，但是，一定得让我请客！

孙克：好的，这个满足¹⁶你。

大伟：那一言为定(yī yánwéidìng)！

孙克：_____！

☞下面的句子，填在哪儿合适？

1．正好，明天咱俩一起去电脑城修吧

2．好，一言为定

3．对不起，我把你电脑弄坏了

4．活动搞得怎么样

能说会用

功能1：信任

1．没问题，只要是我有的，都可以借！

2．不管你说什么，我都相信。

3．他很靠得住，我对他很放心。

4. 你来决定吧，我听你的。

5. 这件事交给你了，你看着办吧。

☞练一练：

老师把 500 元班费交给班长，让他搞一个活动，丰富一下同学们的生活。但是，班长担心自己做不好。如果你是老师，你想告诉班长你很相信他，你该怎么说呢？

功能 2：道歉

1. 真对不起！我把你电脑摔坏了。

2. 真对不住，让您等了那么久。

3. 我不是有意的，请您原谅我。

4. 都是我的错，我向您道歉。

5. 不好意思，给您添麻烦了！

6. 昨天我错怪你了，你别往心里去。

☞练一练：

你不小心在大家面前把好朋友的秘密说出来了，好朋友有点儿生气。你该怎么向好朋友道歉？

你知道吗

宽以待人

古人告诉我们，要"宽以待人"，意思就是对待别人不要有那么多要求，要求不要太高。

每个人都有他自己的性格、习惯、做事方法，有的可能我们不太喜欢。这个时候，我们就要告诉自己：每个人都可以做他自己，我们不能要求别人一定要怎么样。另外，别人有时也会做一些对自己不好的事情，我们可能会生气。但我们要试着站在对方的角度想一想，也许他真的不是故意的，他这样做或许是有原因的。这样想了之后，就会舒服很多，心里也就原谅他了。
只有我们学会尊重、理解并原谅别人，心里才会舒服，才能每天开心幸福。

经典诵读

Tuì yī bù hǎi kuò tiān kōng　ràng sān fēn xīn píng qì hé
退 一 步 海 阔 天 空 ， 让 三 分 心 平 气 和 。

练习

一、写出有下列部件的字

扌_____　_____　　　　氵_____　_____

口_____　_____　　　　页_____　_____

工_____　_____　　　　贝_____　_____

二、照例子组词，并读一读

例：各地　　各人　　<u>各班</u>

撞人　　撞墙　_____　　　　活跃　　活泼　_____

修车　　修好　_____　　　　随便吃　随便坐　_____

借钱　　借书　_____　　　　收拾房间　收拾干净　_____

三、请把词语与相应的意思连线，并用它们完成句子

个子　　　　　　　　　　　　每

吞吞吐吐　　　　　　　　　　说了以后就不再改变

乐于助人　　　　　　　　　　让……变得不乱

各　　　　　　　　　　　　　想说却又不敢说

周围　　　　　　　　　　　　喜欢帮助别人

一言为定　　　　　　　　　　身高

收拾　　　　　　　　　　　　附近

1. 姚明的_____很高。

2. 那_____，20 年以后，我们还在这里见面。

3. 他喜欢到_____地旅游。

4. 房间太乱了，我今天一定要好好_____一下。

5. 学校_____有很多饭店。

6. 妈妈常常告诉我要做一个_____的人。

7. 你有什么话，快点说，不要_____的。

四、写出加点字的拼音

1. 我昨天没来上课，因为（　　）我生病了。

2. 为（　　）了学好汉语，他每天很早起床背课文。

3. 我以为（　　）你今天不来，你怎么又来了？

4. 年轻人一般喜欢流行音乐（　　）。

5. 谢谢你带给我的快乐（　　）。

五、选词填空

活泼　　活跃

1. 他性格_____开朗，大家都很喜欢他。

2. 他是一个很_____的学生，喜欢参加各种活动。

随便　　顺便

1. 你从宿舍过来的时候，_____帮我把书带过来吧。

2. _____坐！

3. 他是一个很_____的人，穿着短裤就来上课了。

撞 弄 负责 满足 巧 打扰 反应 借 出钱 抱怨

1. _____了东西以后，一定不要忘记还。

2. 他是一位很_____的好班长。

3. 她正在认真看书，我不好意思_____她。

4. 两辆车相_____了。

5. 对不起，你的橡皮让我_____丢了。

6. 你的这个要求我不能_____你。

7. 我的手机坏了，怎么按都没有_____。

8. 父母_____让我来中国留学。

9. 他是一个喜欢_____的人，对什么都不满意。

10. 真不_____，我去找他，他正好不在。

六、选择正确的一项

1. 上次的考试你考_____怎么样？
   A. 的　　　　B. 得　　　　C. 地　　　　D. 了

2. 下个学期，我还要在这里继续学习_____。
   A. 下来　　　B. 起来　　　C. 下去　　　D. 出来

3. 他_____中国文化很感兴趣。
   A. 为　　　　B. 对　　　　C. 给　　　　D. 向

4. 他喜欢唱歌，_____，也喜欢跳舞。
   A. 同时　　　B. 可是　　　C. 还　　　　D. 但是

5. 上完厕所_____，记得冲水。
   A. 以后　　　B. 以前　　　C. 然后　　　D. 后来

七、连词成句

1. 中国　来　我　以后　了　越来越　胖

2. 我 的 不 故意 是 真的

_____

3. 能 用用 手机 你的 把 给 借 我 吗

_____

4. 后 来 中国 我 朋友 交 了 很多

_____

八、改错句

1. 把桌子擦。

_____

2. 我是坐飞机来中国。

_____

3. 我的电脑让他坏了。

_____

4. 他已经完了今天的作业。

_____

5. 他把活儿干。

_____

九、将下列句子补充完整

1. A：小张，可以借你一样东西吗？
   B：没问题。_____

2. 老师：这件事让大伟负责怎么样？
   佳丽：_____

3. 孙克：家贝，_____，
   上次你借给我的书让我不小心弄丢了，我再给你买一本新的吧。
   家贝：不用了，_____

4. A：都是我的错，_____
   B：没事，你也不是故意的。

十、说一说

把本课的会话 1 和会话 2 变成一段话，要求说清楚这两件事。（150 字以内）

_____

_____

_____

_____

_____

十一、每个空填一个词

巧　收　修　极　便　客　初　办　责　弄

大伟是一位很积_____的学生，上学期_____就加入了院学生会。这周六学生会要_____一个活动，大伟负_____带电脑，但是不_____，他的电脑坏了，所以他就去借了他的好哥们儿孙克的。可是他_____拾东西的时候，不小心把电脑_____坏了。大伟想出钱帮孙克_____，但是孙克不让。周日，他们一起去电脑城修了电脑，还顺_____去尝了那附近的一家川菜馆，当然了，是大伟请的_____。

第六课

亲如一家

课前热身

1. 提到"邻居"这个词，你最先想到了谁？
2. 你们家和邻居家的关系怎么样？请举一些例子。

开心词典

特地[1]　　　　tèdì　　　　　　　　副词

　　例：知道我今天到家，妈妈特地给我做了一桌子菜。

　　　　听说你病了，他特地请假来医院看你。

唯一[2]　　　　wéiyī　　　　　　　　形容词

　　例：唯一的办法　唯一的选择

　　　　爸爸是爷爷唯一的儿子。//他唯一的爱好就是练习书法。

嫁³　　　　jià　　　　　　　　动词

　　例：嫁给他　嫁不出去　嫁女儿

　　　　她嫁给了一个老外。

　　【反】娶　qǔ

捎⁴　　　　shāo　　　　　　　动词

　　例：如果你去商店，能帮我捎点儿东西吗？

　　　　麻烦你把我的课本捎过来吧。

感激⁵　　　gǎnjī　　　　　　　动词、形容词

　　例：十分感激　感激的心情

　　　　在我最困难的时候，是老师和同学帮了我，我心里非常感激

　　　　他们。

邀请⁶　　　yāoqǐng　　　　　　动词

　　例：他邀请我去参加他的生日晚会。

　　　　我应朋友的邀请去他家做客。

竟然⁷　　　jìngrán　　　　　　副词

　　例：他竟然站着睡着了。

　　　　你汉语说得那么好，竟然不认识汉字？

许愿⁸　　　xǔ//yuàn　　　　　动词

　　例：去寺庙许愿　对着流星许愿　许愿树

　　　　我吹灭蜡烛，在心里许了一个愿。

亲手⁹　　　qīnshǒu　　　　　　副词

　　例：这是妈妈亲手给我做的衣服，不是买的。

　　　　你一定要亲手把这封信交给他。

　　　　质量怎么样，你亲手摸一摸就知道了。

表达¹⁰　　　biǎodá　　　　　　动词、名词

　　例：表达自己的感情　清楚地表达　口语表达能力

　　　　我不知道用什么话来表达我对你的感激。

怪¹¹　　　　guài　　　　　　　动词

　　例：是你自己摔倒的，不怪我啊！

都怪我自己不努力，没有通过考试。

趁[12]　　　chèn　　　　　　　介词

例：趁老师不注意　趁妈妈不在家　趁假期　趁这次机会

趁年轻多学点儿东西。

趁现在在中国，我要多去一些地方玩玩。

汉字乐园

夫　fū　　大 + 一

"夫"是"大"（大）的上面多个"一"，也就是发簪（fàzān），古代男人成年以后要用这个东西把头发固定住，所以"夫"就有了"成年男子"的意思。后来也指女人嫁的那个人，如"丈夫、夫妇"等。

嫁　jià　　女 + 家

女子离开父母的家到丈夫的家，就是"嫁"。如"出嫁、嫁人、婚嫁、改嫁"等。

娶　qǔ　　取 + 女

我们学过"取号、取钱、取快递"，"取"就是把东西拿到手里，那如果取的不是东西而是一个女人呢？我们叫"娶"，也就是男子结婚。

姨妈的邻居

周末，我常常去姨妈家找小表弟子聪玩。

有一天，姨妈不在家，我和表弟正在看电视，忽然听到有人敲门。开门一看，是一位头发 花白(huā bái)的老人，六七十岁的 样子(yàng·zi)，脸上有很多 皱纹(zhòuwén)，但看起来挺精神的。表弟说，是 对门(duìmén)的 邻居(lín jū)刘奶奶。原来她包了一些饺子，特地[1]送来给我们尝尝。

后来，姨妈告诉我，刘奶奶已经六十多岁了，退休(tuì//xiū)在家，丈夫(zhàng·fu)去世十来年了，唯一[2]的女儿前几年也嫁[3]到北京去了。她女儿工作忙，一年只能回来一两次，每次也只待几天就走了。刘奶奶是个 热心肠(rè xīncháng)，对姨妈就像对自己的女儿一样。她知道姨妈工作比较忙，去买菜也常帮姨妈捎[4]一份；有时候姨妈和姨父(yí·fu)下班晚了，她就帮忙去学校接表弟；做了什么好吃的，也会给姨妈他们送些尝尝。姨妈对刘奶奶也很感激[5]，每到节日，就邀请[6]她到家里来一起过节，怕刘奶奶一个人觉得孤独(gū dú)。就这样，两家人你来我往，亲如(rú)一家。

★ 一 + 动词或动词词组

一尝就知道

只要一听，你就会喜欢上这首歌。

他一打开门，一只小猫跑了进来。

★ 看起来

她已经五十岁了，但看起来像三十多岁一样。

★ 热心肠：喜欢帮助别人的人。

★ 什么

我包里好像少了什么东西。

我好像在什么地方见过她。

★ 如：像

美如画

正如老师所说

67

会话 1

祝您生日快乐

姨　　妈：阿姨，在家吗？

刘奶奶：在呢。快请进。（刘奶奶边说边打开门）

姨妈一家：祝您生日快乐，祝您生日快乐……

刘奶奶：生日蛋糕？今天是我的生日？

姨　　妈：是啊，阿姨。

刘奶奶：连我自己都忘了，你们竟然[7]还记得。

姨　　妈：这么重要的日子，我们怎么会忘呢。阿姨，许个愿[8]吧。

刘奶奶：嗯，好。（刘奶奶双手合(hé)十许了愿）都别站着啊，来，咱们坐下吃蛋糕。子聪，来，这一大块给你。

子　　聪：谢谢奶奶！这是我送给您的生日卡片(kǎ piàn)，祝您生日快乐，天天开心！

刘奶奶：是你亲手[9]做的啊，真漂亮！

姨　　父：阿姨，这是我们送给您的生日礼物，您打开看看喜欢吗？

刘奶奶：按摩器(Àn mó qì)呀！

姨　　父：以后，您要是感觉累了，就用它按摩按摩。

刘奶奶：你们对我这么好，我真不知道该怎么表达[10]我的感谢(gǎn xiè)。

姨　　父：阿姨，什么谢不谢的，咱一家人别说两家话。咱们当邻居那么多年，您早就是我们的亲人了。

会话 2

远亲不如近邻

（刘奶奶不小心摔伤了腿，住进了医院。姨妈一有时间就去看望她）

刘奶奶：小李，_____？你工作忙，子聪还需要

人照顾，不用老跑来跑去的。这里的护士把我照顾得挺好的。

姨　妈：没事，子聪他爸在家陪他呢！_____？

刘奶奶：好多了，今天护士扶着我，能下床走几步了。唉，都怪[11]我自

己不小心，给你添麻烦了。

姨　妈：您看您，又来了！对了，阿姨，我今天给您炖了些鸡汤，您

趁[12]热喝。

刘奶奶：真是太麻烦你了。

姨　妈：阿姨啊，_____！平时您帮了我那么多

忙，我可没跟您客气。

刘奶奶：那些都是举手之劳，再说我一个老太太闲着也是闲着。

姨　妈：阿姨，_____，注意按时吃药。我先回

去了，有事给我打电话。

刘奶奶：嗯，好，好。

（姨妈离开了病房）

病　友：阿姨，刚才那位大姐是您什么亲戚？

刘奶奶：_____，我亲戚都离得远，来一趟

不容易，再说各家也都有各家的事，我也不想打扰他们。

病　友：真是远亲不如近邻啊！

☞下面的句子，填在哪儿合适？

1. 您真的不用客气

2. 不早了，您早点休息

3. 不是亲戚，是我对门的邻居

4. 你怎么又来了

5. 阿姨，今天感觉怎么样

能说会用

功能1：感动

1. 连我自己都忘了，你们竟然还记得我的生日。

2. 你们对我这么好，我真不知道该怎么表达我的感谢。

3. 太感人了！我眼泪都要流出来了！

4. 她感动得说不出话来。

☞练一练：

今天是你的生日，你的朋友们偷偷给你办了一个生日晚会，还给你订了一个大蛋糕。当大家一起给你唱生日歌的时候，你心里会有什么样的感受？请说一说。

功能2：劝慰

1. 什么谢不谢的，咱一家人别说两家话。

2. 您真的不用客气！平时您帮了我那么多忙，我可没跟您客气。

3. 没什么大不了的，看开点儿！

4. 失败乃成功之母。

5. 你放心吧，医生一定能把你的病治好！

6. 没事，丢了就丢了，旧的不去新的不来。

7. 过去的都不要再想了，人要往前看。

☞练一练：

你的一个哥们儿和女朋友分手了，他非常伤心，你该怎么安慰他？

你知道吗

远亲不如近邻

邻里之间，低头不见抬头见，如果彼此连招呼都不打，会感觉很不舒服，给邻居一个微笑，打声招呼，自己的心情也会好很多。做了什么好吃的，给邻居送一碗；邻居家的什么东西坏了，借给人家用一用；邻居有急事的时候，帮忙照看一下孩子，这样你来我往，慢慢也就熟识了。和邻居互帮互助，方便了别人，也方便了自己。特别是在我们急需帮助的时候，亲人离得比较远，往往是邻居能最快伸出援助之手，正所谓"远亲不如近邻"。好的邻里关系，让我们的生活变得更幸福、美好。

经典诵读

Lín lǐ hǎo　sài jīn bǎo
1. 邻 里 好，赛 金 宝。
Yuǎn shuǐ nán jiù jìn huǒ　yuǎn qīn bù rú jìn lín
2. 远 水 难 救 近 火，远 亲 不 如 近 邻。

练习

一、在方框里加一个部件，组新字

	且	

	立	

	月	

二、组词或短语

特：_____　_____　_____

亲：_____　　_____　　_____

退：_____　　_____　　_____

表：_____　　_____　　_____

热：_____　　_____　　_____

三、写出加点字的反义词

1. 他每个月的工资都要交给他妻子。（　　　　）
2. 爸爸是个大老板，每天都很忙。（　　　　）
3. 他娶了一个又温柔又漂亮的女子。（　　　　）
4. 请大家把书打开。（　　　　）

四、请把词语与相应的意思连线，并用它们完成句子

邻居　　　　　　　　　　　　住在你家旁边的人

闲　　　　　　　　　　　　　自己用手做

热心肠　　　　　　　　　　　感觉没有事情可做

亲手　　　　　　　　　　　　像……一样

如　　　　　　　　　　　　　女子结婚

嫁　　　　　　　　　　　　　喜欢帮助别人的人

1. 暑假在家感觉很_____。
2. 你家_____是友好的人吗？
3. 桂林的风景_____画一样美。
4. 我们班长是个_____，很喜欢帮助别人。
5. 这是我_____做的菜，不是打包的，你尝尝好不好吃。
6. 将来你想_____给一个什么样的男生？

五、选词填空

感谢　感激

1. 老师，我要_____您对我的照顾。
2. 对于姨妈一次次的帮助，我心里很_____。
3. 别人帮了我们，我们要说_____。

趁　唯一　竟然　表达　怪　捎　邀请　特地　退休

1. 去山顶，这是_____的路。
2. 你去交作业，顺便把我的也_____过去吧。
3. 老师_____我们下周末去她家里玩。
4. 你最好的朋友明天结婚，你_____不知道？
5. 经常和中国朋友聊天，可以提高_____能力。
6. 你自己弄坏的，不要_____别人。
7. 爷爷_____以后每天在家练书法、养花。
8. 知道我今天要回国，父母_____开车去机场接我。
9. 爸爸常常告诉我要_____年轻多学点儿东西。

六、完成句子

1. 我进去的时候，他_____。（正在）
2. 她的手机已经用了两年，但是_____。（看起来）
3. 今天早上，我_____，外面下雪了。（一＋动词）
4. 他肯定有女朋友，因为我_____。（亲眼）
5. _____，昨天晚上没有看上足球赛。（都怪）
6. 你有_____，可以给老师打电话。（什么）

七、连词成句

1. 奶奶　摔　小心　不　腿　伤　了　时　走路

_____

2. 生日　这　我　是　送　您　给　的　礼物

_____

3. 这　卡片　是　亲手　张　的　我　做

_____

4. 她　嫁　给　了　她　一个　大　比　男人　的　二十岁

_____

八、将下列句子和对话补充完整

1. 大家对我这么好，我真不知道_____

2. 这部电影太感人了，她感动得_____

3. 学生：对不起老师，我这次又失败了。

   老师：_____

4. A：都怪我自己不小心，把手机弄丢了。

   B：_____

5. A：你一次次地帮我，我真不知道该怎么感谢你。

   B：_____

九、写一写，要求用到括号里的词

用自己的话介绍一下刘奶奶以及她和姨妈一家发生的故事。（样子、精神、退休、嫁、邀请、许愿、感激、腿、看望、添、麻烦）

_____

_____

_____

_____

十、说一说

1. 你家所在的地方，邻居间会发生右边图片里的事情吗？

2. 你认为邻居间怎么样做才能有好的关系？

十一、每个空填一个词

滑　炖　步　受伤　住院　亲戚　麻烦　感激　照顾

刘奶奶最近_____了，因为有一天刚下过雨，路上很_____，她出去买菜的时候不小心摔倒了，腿_____了。姨妈就常常_____些鸡汤给刘奶奶送过去。别人都以为姨妈是刘奶奶的_____。在护士和姨妈的_____下，刘奶奶的腿渐渐好了，现在能下床走几_____了。刘奶奶觉得自己给姨妈添了很多_____，对姨妈的帮助心里特别_____。

第三单元

走进社会

第七课

大社会，大家庭

课前热身

伞给你用吧！

喂，同学，你叫什么名字？

我叫雷锋！

1. 你是一个助人为乐的人吗？
2. 生活中，你遇到过这样的"雷锋"吗？

开心词典

热心¹　　rèxīn　　　　　　形容词

　　例：很热心　不热心　热心地帮助我

　　　　为了他的事你都跑好几趟了，真是热心啊！

　　【反】冷漠　lěngmò

表示²　　biǎoshì　　　　　　动词

　　例：表示感谢　表示同意　表示不满

　　　　他对朋友的帮助表示感谢。

谢绝³　　　xièjué　　　　　　动词

　　例：谢绝邀请　谢绝帮助　谢绝参观
　　　　我请他看电影，但是他谢绝了。

　　【反】接受　jiēshòu

得到⁴　　　dédào　　　　　　动词

　　例：得到帮助　得到表扬　得到奖学金
　　　　我刚来这里的时候，得到了很多朋友的帮助。

　　【反】失去　shīqù

困难⁵　　　kùn·nan　　　　　形容词、名词

　　例：生活困难　有困难　不怕困难　面对困难
　　　　每当我有困难的时候，都会得到他的热心帮助。

拒绝⁶　　　jùjué　　　　　　动词

　　例：拒绝邀请　拒绝请求　拒绝申请
　　　　我请他来家里吃饭，但是他拒绝了我的邀请。

　　【近】谢绝（比较客气）　xièjué

特殊⁷　　　tèshū　　　　　　形容词

　　例：特殊学校　特殊的人　情况特殊
　　　　他是一个特殊的孩子，不喜欢跟别人说话。

　　【反】普通　pǔtōng

陪⁸　　　　péi　　　　　　　动词

　　例：陪你去　陪他聊天　多陪陪老人
　　　　那个地方你不熟悉，我陪你去吧。

放⁹　　　　fàng　　　　　　　动词

　　例：放寒假　不放假　放一天假　放学
　　　　放寒假我打算回国。

正¹⁰　　　zhèng　　　　　　副词

　　例：你打电话的时候，我正上课呢。
　　　　我正准备出门，他来了。

落后¹¹　　luò//hòu　　　　　形容词、动词

例：落后的地方　经济落后　教育落后　学习落后
　　这是一个落后的地方，很多小孩子上不起学。

【反】先进　xiānjìn

关于[12]　guānyú　介词

例：关于这件事　关于这个问题　关于他的情况
　　最近我读了几本关于中国历史的书。

状况[13]　zhuàngkuàng　名词

例：经济状况　环境状况　身体状况
　　那个国家最近两年的经济状况不太好。

条件[14]　tiáojiàn　名词

例：家庭条件　气候条件　生活条件　居住条件
　　他的家庭条件不太好，没有钱让他出国留学。

艰苦[15]　jiānkǔ　形容词

例：环境艰苦　条件艰苦　艰苦的日子　艰苦的工作
　　这里的生活环境很艰苦。

意义[16]　yìyì　名词

例：有意义　意义重大　生活的意义　有意义的事
　　帮助别人让我感到生活更有意义了。

回头[17]　huítóu　副词

例：回头再聊　回头再做　回头再买　回头见
　　你先吃饭吧，咱们回头再聊。

汉字乐园

困　kùn　□＋木

"□"像四周围起来，"木"在"□"中受困。
请猜一猜"围、圆、国"等字外面的"□"
表示什么意思？

站　zhàn　　立＋占

左边是"立"（古汉字 ， ），像一个站立的人。右边"占"是声音。"站"意思是站立，后来车站也叫站。

猜一猜"端、竖"两个字中为什么也有"立"？

育　yù　　＋月

古汉字 ，像女人生子，所以"生孩子"是育的本义。这个字后来变成了 ，上面像头向下的小孩子，下面变成了"月（肉）"。"月（肉）字旁"的字与人体有关，如"脸"。"月（肉）字旁"的字还有＿＿＿＿＿＿＿。

课文

帮助别人，快乐自己

汉林有一个中国朋友，叫春明。春明是迎接(yíng jiē)新生的志愿者(zhì yuàn zhě)，汉林刚来学校时人生地不熟，春明非常热心[1]地带汉林报到，帮他搬行李，还带他熟悉校园和周围的超市。为了表示[2]感谢，汉林想请春明吃饭，可他谢绝[3]了，说帮助别人，自己也得到[4]了快乐。

春明成了汉林的好朋友，汉林遇到困难[5]总是请他帮忙，他从来不拒绝[6]。但是周末汉林找他出去玩儿，他却总说自己没时间。汉林问他忙什么，他说他参加了一个义工小组(yì gōng zǔ)，周末或者去特殊[7]学校教特殊儿童(ér tóng)阅读(yuè dú)、陪[8]他们运动，或者去老人院(lǎo rén yuàn)帮助老人，所以

★人生地不熟

例：这个地方我第一次来，人生地不熟，遇到很多麻烦。

★从来不＝从不

例：我从来不/从不喝酒。

★或者……或者……

例：我早餐或者去餐厅吃，或者自己做一点儿。

没有时间玩。

　　春明说放[9]寒假的时候，他一般会先和同学们去
huǒchēzhàn
火车站做几天志愿者。因为那时正[10]值中国的 春运，
rénshān-rénhǎi
火车站人山人海，特别需要志愿者去帮忙。暑假的时
shāncūn
候，他利用一个月的时间，去一个落后[11]的 山村当老
jiào yù　　　　　　　bàogào
师，顺便完成了关于[12]那里教育状况[13]的 报告。

　　看来春明的生活真的很忙，不过他也很充实、
快乐。

会话 1

你高兴，我也开心

王佳丽：汉林，想请你帮个忙。

汉　林：别客气，什么事？

王佳丽：我的电脑出了问题，能不能帮我看一下？

汉　林：＿＿＿＿＿＿＿＿＿＿＿＿。

王佳丽：那麻烦你了。

汉　林：＿＿＿＿＿＿。还没告诉你，我参加了校园电脑义务维修队。
yì wùwéixiū

王佳丽：真的？那你现在挺忙的吧。

汉　林：＿＿＿＿＿＿＿＿，但是挺开心的。

王佳丽：哪里哪里。对了，下个月有一个从印尼来的 中学生夏令营
zhōngxuéshēngxià lìngyíng
　　　　团队，你想不想做志愿者？

汉　林：好啊。怎么报名？

王佳丽：＿＿＿＿＿＿＿＿＿＿。

☞下面的句子，填在哪儿合适？

1. 忙是有点儿忙

2. 去办公室跟刘老师说一声就行了

3. 没问题，我帮你看看

4. 干嘛那么客气

会话 2

这样才锻炼人

罗志龙：思华、思汉，你们暑假打算回国吗？

陈思华：不回了，大伟说他要去一个 农村(nóng cūn) 的学校，我和弟弟也想去看看。

罗志龙：你们也去帮助那里的小朋友？

陈思华：想先了解一下。

罗志龙：听说大伟去的那个地方生活条件[14]很艰苦[15]，吃住都不好。

陈思华：没关系，这样才锻炼人。你呢，假期怎么安排？

罗志龙：我参加了一个"低碳(dī tàn)生活"宣传(xuān chuán)活动，骑车去北京，一路做宣传。我负责准备宣传材料。

陈思华：你不正好喜欢旅行吗？这个活动既能欣赏风景，又很有意义[16]。

罗志龙：是啊。我已经在收集(shōu jí)材料了。

陈思华：我对"低碳生活"也很感兴趣，以前收集过不少资料(zī liào)，回头[17]发给你，看能不能用上。

罗志龙：太好了，我代表我们活动小组向你表示感谢！

能说会用

功能1：承担责任

1. 我负责准备宣传材料。
2. 你休息一下，我来吧。
3. 这事让我来做吧。
4. 让我来帮助他吧。

☞练一练：

老师要你们布置教室，每位同学说一说自己希望做什么。

功能2：感谢

1. 多亏你之前的帮助啊！
2. 我代表我们活动小组向你表示感谢！
3. 实在太感谢了！
4. 你帮了大忙，谢谢你！
5. 真不知道怎么感谢你才好！

☞练一练：

你要搬家，请了朋友帮忙，要怎么表示感谢？

你知道吗

送人玫瑰，手有余香

将漂亮的玫瑰送给别人，别人感到了美好和幸福，自己也得到了快乐。帮助别人，就像将美丽的玫瑰送给别人，是一件非常美好的事。在中国还有个成

语——乐于助人，意思是将帮助别人当作一种快乐。乐于助人是中国人朴实的传统美德。雷锋就是乐于助人的榜样，每年的3月5日是"学雷锋日"。

每个人都有遇到困难的时候，给予帮助如同雪中送炭。如果人人都献出一点爱，世界将变成美好的明天。

经典诵读

Lǎo wú lǎo　yǐ　jí rén zhī lǎo　yòu wú yòu　yǐ　jí rén zhī yòu
1. 老 吾 老，以 及 人 之 老；幼 吾 幼，以 及 人 之 幼。

Xiān tiān xià zhī yōu ér yōu　hòu tiān xià zhī lè ér lè
2. 先 天 下 之 忧 而 忧，后 天 下 之 乐 而 乐。

练习

一、写出有下列部件的字

口 ＿＿＿＿＿＿　＿＿＿＿＿＿　＿＿＿＿＿＿

牛 ＿＿＿＿＿＿　＿＿＿＿＿＿　＿＿＿＿＿＿

纟 ＿＿＿＿＿＿　＿＿＿＿＿＿　＿＿＿＿＿＿

彳 ＿＿＿＿＿＿　＿＿＿＿＿＿　＿＿＿＿＿＿

二、组短语

谢绝：＿＿＿＿＿＿　＿＿＿＿＿＿　＿＿＿＿＿＿

表示：＿＿＿＿＿＿　＿＿＿＿＿＿　＿＿＿＿＿＿

状况：＿＿＿＿＿＿　＿＿＿＿＿＿　＿＿＿＿＿＿

落后：＿＿＿＿＿＿　＿＿＿＿＿＿　＿＿＿＿＿＿

三、写出近义词或反义词

拒绝——　　　　　　特殊——

热心——　　　　　　开心——

落后——　　　　　　　　　　得到——

四、请把词语与相应的意思连线，并用它们完成句子

宣传　　　　　　　　　　非常客气地表示不同意

回头　　　　　　　　　　与常见的不一样

谢绝　　　　　　　　　　让别人都知道

收集　　　　　　　　　　稍等一会儿；以后

特殊　　　　　　　　　　找需要的资料或信息

1. 我希望他能来参加这个晚会，但是请了很多次，他都＿＿＿＿＿了。

2. 他生活在一个非常＿＿＿＿＿的环境中。

3. 他到处＿＿＿＿＿自己的思想。

4. 我喜欢＿＿＿＿＿各国邮票。

5. 不用你送来，＿＿＿＿＿有时间我自己去取。

五、完成句子

1. 我帮你＿＿＿＿＿＿＿＿＿＿＿＿＿＿＿＿＿＿＿＿＿＿＿＿＿＿＿。

2. 明天的晚会，我负责＿＿＿＿＿＿＿＿＿＿＿＿＿＿＿＿＿＿＿＿＿。

3. 多亏你＿＿＿＿＿＿＿＿＿，要不＿＿＿＿＿＿＿＿＿＿＿＿＿＿＿。

4. 我代表＿＿＿＿＿＿＿＿＿＿＿＿＿＿＿＿＿＿＿＿＿＿＿感谢。

六、用给出的词语改写句子

1. 我没见过这个人。

＿＿＿＿＿＿＿＿＿＿＿＿＿＿＿＿＿＿＿＿＿＿＿。（从来）

2. 我买的衣服很好看，但是有点儿贵。

＿＿＿＿＿＿＿＿＿＿＿＿＿＿＿＿＿＿＿。（A 是 A，但是/不过）

3. 帮助别人，心里会感到很充实，也很快乐。

＿＿＿＿＿＿＿＿＿＿＿＿＿＿＿＿＿＿＿。（既……又……）

4. 我第一次出国，去哪儿都不习惯。

_____。（人生地不熟）

5. 你晚上不回来，应该给家人打个电话。

_____。（说一声）

七、写一写

你一定接受过别人的帮助，或者帮助过别人，请把其中最难忘的一件事写出来。

_____

_____

_____

_____

_____

_____

八、选字填空

忙　助　乐　熟　陪　困　绝　山　地　队　影

春明是汉林的中国朋友，非常_____于助人。汉林刚来学校时人生_____不熟，他就带着汉林_____悉校园和周围的超市。遇到_____难的时汉林总是找他帮_____，他从来不拒_____。周末，他常去老人院_____老人。放寒假的时候，火车站人_____人海，特别需要志愿者的帮_____，他就去那儿当志愿者帮助那里的工作人员。在春明的_____响下，汉林也加入了学校的电脑义务维修_____，帮助别人，快乐自己！

九、学唱中文歌

我和你

陈其钢　词曲

（歌词）
我和你，心连心，同住地球村。为梦想，千里行，相会在北京。来吧朋友，伸出你的手，我和你，心连心，永远一家人。

第八课

独立生活

1. 来中国前，你和父母在机场分别时，你心里在想什么？你觉得父母在想什么？

2. 你有没有一个人生活过，你适应一个人的生活吗？

自由[1]　　zìyóu　　　　　　　　形容词、名词

　　例：很自由　没有自由　自由出入
　　　　等放假了，我们就自由了。

忘记[2]　　wàngjì　　　　　　　　动词

　　例：啊，我忘记锁门了。//别忘记带雨伞！

那件事我早就忘记了，你还记得吗？

【反】记得　jì·de

规定[3]　　guīdìng　　　　　　动词、名词

例：学校规定　按规定　一条规定

学校规定学生晚上 12 点之前必须回宿舍。

严格[4]　　yángé　　　　　　　形容词

例：比较严格　严格的规定　严格要求自己

妈妈对我要求很严格，晚上十点之前必须回家。

要求[5]　　yāoqiú　　　　　　　动词、名词

例：要求别人做　答应要求　满足要求

老师要求我们每天按时来上课。

必须[6]　　bìxū　　　　　　　　副词

例：必须吃完　必须你自己去　必须听他的话

飞机 8 点起飞，我们必须 7 点赶到机场。

想念[7]　　xiǎngniàn　　　　　动词

例：非常想念　想念父母　想念家乡

我一个人在中国留学，很想念家人和朋友。

【近】思念　sīniàn

主动[8]　　zhǔdòng　　　　　　形容词

例：主动学习　主动联系　主动给老人让座

你要主动向他道歉，因为是你的错。

【反】被动　bèidòng

独立[9]　　dúlì　　　　　　　　动词、形容词

例：独立生活　独立完成　独立的国家　很独立

他 18 岁就一个人独立生活了。

自在[10]　　zìzài　　　　　　　形容词

例：自由自在　不自在

住在别人家，总感觉不自在。

理解[11]　　lǐjiě　　　　　　　动词

例：互相理解　阅读理解　理解不了

老师讲的内容很容易理解。

我越来越理解父母为我所做的一切。

【近】明白　míng·bai

非[12]　　fēi　　　　　　　副词

例：非去不可　非说　非要吃

这么冷的天，你穿那么少，非感冒不可。

严重[13]　　yánzhòng　　　　形容词

例：伤得很严重　严重的问题　严重的后果

他的病很严重，需要马上去医院。

压力[14]　　yālì　　　　　　名词

例：有压力　学习压力　压力太大了

在那个公司工作，他压力很大。

再说[15]　　zàishuō　　　　　动词、连词

例：这事先放一放，过两天再说。

这几天我没时间，再说天气也不好，还是别去了。

能力[16]　　nénglì　　　　　　名词

例：没有能力　能力很强　独立生活的能力

我相信你有能力做好这件事。

底（儿）[17]　　dǐ（r）　　　　名词

例：结果会怎么样，我心里一点底儿都没有。

能不能成功，我也没底儿。

联系[18]　　liánxì　　　　　动词

例：联系朋友　电话联系　联系不上　主动联系　联系方式

中学毕业后，我们就失去联系了。

闯[19]　　chuǎng　　　　　动词

例：闯红灯　往外闯　闯进大门　闯世界

孩子长大了，都希望到外面的世界去闯一闯。

汉字乐园

父 fù

古文字 ，像人手中拿着工具。父亲常常要做很多工作，是不是很辛苦呢？

重 zhòng

古文字 ，像一个人背着一个很重的东西。今天所说的"心情沉重、病很严重、事情很重要"中的"重"的意思是不是变了呢？

动 dòng 云 + 力

繁体字写作"動"，左边是"重"，右边是"力"，搬很重的东西要非常用力。现在简化成"动"，好像是云被风吹动了。你猜猜"劝""功""助""励""劲""努""男""劳"等字为什么都有"力"？

系 jì、xì 一 + 糸

古文字 ，像手系带子，读作 jì。"关系""汉语系"等读作 xì。

"糸字旁"在左边写作"纟"，在下边写作"糸"。你知道"红""绿""紫"这些颜色字为什么与"纟"有关系吗？

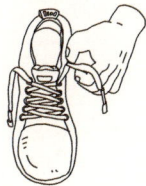

课文

飞得更高

　　思汉以前没有离开过家，现在远离父母，觉得自由[1]多了。记得在国内时，有一次跟朋友出去玩儿，太晚了就住在朋友家，早上醒来，才想起来忘记[2]和家人说一声了。那天晚上，妈妈打他的手机，他也没有听到，结果妈妈急(jí)得一夜没有睡着。第二天他回到家里，妈妈非常生气(shēng//qì)，规定[3]他以后绝(jué)不能在外面过夜(guò//yè)，并且接下来的一个星期，妈妈都没给他好脸色。爸爸对他也很严格[4]，要求[5]他每天早上七点必须[6]起床，不完成作业就不许(xǔ)玩儿。

　　现在在国外生活，听不到父母的唠叨(láo·dao)，他竟然还有点想念[7]呢。去餐厅吃饭，总想起妈妈的拿手(ná shǒu)菜。去超市买日用品(rì yòng pǐn)，常常买了这个忘了那个。唉！以前他哪会操(cāo)心(xīn)这些琐事(suǒ shì)？现在想家了，思汉就会主动[8]给父母打个电话，听听他们的声音，或者上网跟父母视频(shì pín)聊天。

　　独立[9]的生活让思汉自由自在[10]，想做什么就做什么，但也让他觉得像一只孤单的小鸟。他渐渐地理解[11]了父母的爱，知道自己这只小鸟已经长大，要努力飞得更高！

★ 没/不给（人）好脸色

最近他生我的气，总是不给我好脸色。

★ 不……就不……

不写完就不许睡觉。
不想吃就别吃了。

★ 哪会

我们是最好的朋友，我哪会骗你呢。

★ 想……就……

你想吃什么就吃什么，别客气。

会话 1

好事多磨

王佳丽：晓玉姐，你工作找得怎么样了？

李晓玉：正为这事儿发愁呢。最近又面试了几家公司，都还没
消息，＿＿＿＿＿＿＿＿＿＿＿＿＿＿＿＿。

王佳丽：工作的事情你可以和舅舅商量商量，听听他的意见。

李晓玉：＿＿＿＿＿＿＿＿＿。以前他非12让我学医，我没听他的。现在
找工作，他的意见我也不想听。

王佳丽：不过，＿＿＿＿＿＿＿＿＿＿＿＿＿＿＿，别把舅舅惹生气了，舅舅
的脾气你可是知道的。

李晓玉：有那么严重13？

王佳丽：他正为你的事着急呢。你再不找他，＿＿＿＿＿＿＿＿＿＿＿。

李晓玉：那好吧，我找个时间跟他谈谈。

王佳丽：晓玉姐，工作的事你也别有太大压力14。

李晓玉：怎么会没有压力呢，好工作竞争太激烈，前面几次都失败
了，＿＿＿＿＿＿＿＿＿＿＿＿。

王佳丽：别忘了，"好事多磨"。再说15，你有能力16，一定没问题。

☞下面的句子，填在哪儿合适？

1. 你可要小心呀

2. 我心里一点底儿17都没有

3. 还是算了吧

4. 也不知这次怎么样

5. 他肯定要怪你了

会话 2

好男儿志在四方

思　汉：大伟，我常跟家人打电话或者视频，怎么很少见你跟家人**联系**[18]，你不想家吗？

刘大伟：我跟你不一样，你肯定是被父母照顾惯了。

思　汉：是呀，以前在家的时候，我什么事都靠父母，干什么都要先问问他们，觉得自己就是一个小孩，永远长不大。

刘大伟：没关系，现在离开父母了，你很快就会长大的。

思　汉：嗯，我要当一个 <ruby>男子汉<rt>nán zǐ hàn</rt></ruby>，不能老是想家。

刘大伟：中国有句话："好男儿志在四方"，意思是男子汉要到更 <ruby>广阔<rt>guǎng kuò</rt></ruby>的 <ruby>天地<rt>tiān dì</rt></ruby>里去闯[19]。

思　汉：这句话说得太好了，我要用它鼓励自己。现在我得"志在中国"。

刘大伟：呵呵，学好汉语后，你是不是要"志在世界"啊？

思　汉：也有可能，我想把父亲的餐馆开到世界各地去。

刘大伟：祝你 <ruby>梦想成真<rt>mèng xiǎng chéng zhēn</rt></ruby>！那我以后去你的餐馆吃饭，记得给我打折啊！

思　汉：那还用说。

能说会用

功能 1：无把握

1. 我心里一点底儿都没有。

2. 也不知这次怎么样。

3. 我也说不好能不能通过。

4. 真不知会有什么结果。

☞练一练：

你出国留学前是不是很多事情都没有把握？请谈一谈是哪些事情。两人一组，互相询问，请记下他们的回答。

功能2：警告

1. 你可要小心呀！

2. 你再不找他，他肯定要怪你了。

3. 千万要注意！

4. 当心！

5. 危险！

6. 不要多喝酒！

☞练一练：

小组练习：你的父母训过你吗？是因为什么事情？父母是怎么说的？

你知道吗

代沟指年青一代与老一代在思想观念、生活态度、兴趣爱好等方面存在差异，也专门指父母子女之间的心理差距。在中国，父母常把自己的希望和要求强加到孩子身上，宁愿自己多吃苦，也要让孩子在学习和生活上有更好的条件。从小

让他们上各种培训班，到长大结婚时用自己的积蓄为他们买房，父母的关心无微不至。但是孩子却不满意。孩子常埋怨父母不理解自己的想法并且管得太多，父母常唠叨孩子听不进自己的话。有人说代沟的主要责任在父母，有人说在孩子。你认为呢？

经典诵读

1. Bǎi shàn xiào wéi xiān
   百 善 孝 为 先。

2. Zǐ yuē dì zǐ rù zé xiào chū zé tì jǐn ér xìn fàn ài zhòng ér
   子 曰："弟 子 入 则 孝，出 则 悌，谨 而 信，泛 爱 众，而
   qīn rén
   亲 仁。"

练习

一、写出有下列部件的字

门 ＿＿＿＿＿＿＿　＿＿＿＿＿＿＿　＿＿＿＿＿＿＿

讠 ＿＿＿＿＿＿＿　＿＿＿＿＿＿＿　＿＿＿＿＿＿＿

王 ＿＿＿＿＿＿＿　＿＿＿＿＿＿＿　＿＿＿＿＿＿＿

力 ＿＿＿＿＿＿＿　＿＿＿＿＿＿＿　＿＿＿＿＿＿＿

二、组词或短语

闯：＿＿＿＿＿＿＿

要求：＿＿＿＿＿＿＿　＿＿＿＿＿＿＿　＿＿＿＿＿＿＿

自由：＿＿＿＿＿＿＿　＿＿＿＿＿＿＿　＿＿＿＿＿＿＿

严格：＿＿＿＿＿＿＿　＿＿＿＿＿＿＿　＿＿＿＿＿＿＿

三、写出近义词或反义词

理解——　　　　　　　　父亲——

主动——　　　　　　　　自由——

忘记——　　　　　　　　想念——

四、请把词语与相应的意思连线，并用它们完成句子

理解　　　　　　　　　要求能做什么，不能做什么

独立　　　　　　　　　不听别人的话，一定要做

规定　　　　　　　　　做事不依靠别人

主动　　　　　　　　　懂，明白，了解

非　　　　　　　　　　不等别人说，自己先做

1. 公司_____这个假期不休息。

2. 朋友希望他留下，但是他_____走不可。

3. 没有一个人帮忙，他_____完成了所有的工作。

4. 他的做法我完全不能_____。

5. 我不问了，你还是_____说出来吧。

五、完成句子

1. 这次考试能不能通过，我心里一点底儿_____。

2. 昨天他没来，也不知今天_____。

3. 他不听劝说非要一个人去旅游，真不知_____。

4. 你一个人去可要_____。

5. _____，有车！

六、用给出的词语改写句子

1. 今天我又迟到了，老板非常生气。

_____。（没给……好脸色）

2. 我一个人住，干什么都很自由。

_____。（想……就……）

3. 学不好汉语，我不回国。

_____。（不……就不……）

4. 没有人告诉我这件事，我不知道。

_____。（哪会/怎么会……）

5. 是他记错了时间，我们没有赶上飞机。

_____。（怪）

七、讨论

你认为下面哪些事情需要跟家人商议，并要家人同意才可以做？

	跟家人商议	家人要同意
旅行		
出国读书		
交男女朋友		
结婚		
找工作		

八、写一写

你和父母之间有代沟吗？请写一写你和父母之间的关系。

_____

_____

_____

_____

_____

九、每个空填一个词

> 要求　自由　严格　离开　想念　放假　不许　出来

以前在印尼的时候，我很想 _____ 家，因为我的父母对我很 _____，有很多 _____，比如 _____ 在朋友家过夜，不可以睡懒觉，没写完作业就不能看电视等。在家里，我感觉很不 _____，现在我一个人来到中国，感觉自己像一只小鸟从笼子里飞了 _____。但是，有时候也很 _____ 父母，想念妈妈做的拿手菜，想念家里的猫和狗。来中国已经快两个月了，我想早一点儿 _____，早点回家看看。

十、画一画

你现在的学习生活中有什么不满意或让你心烦的事情吗？请拍下来或画出来，下次上课前讲给同学听，可以请同学给出一些建议。

第九课

外面的世界

课前热身

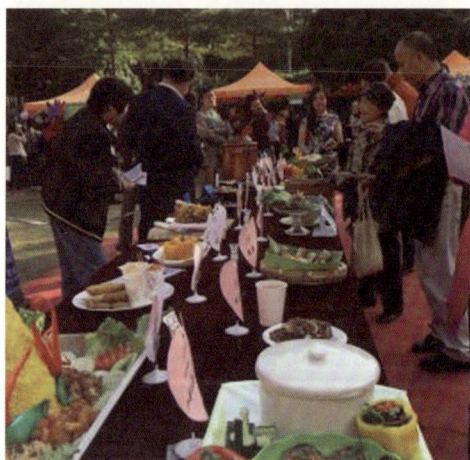

1. 你知道上面是什么活动的照片吗？请选择：

A. 校园美食节　　D. 广交会　　C. 汉语节目表演　　D. 郊游

2. 你喜欢什么样的课外活动？请举出几种。

开心词典

感受[1]　　gǎnshòu　　　　　动词、名词

　　例：很多感受　深刻的感受　感受到家的温暖
　　　　看完了这部电影，你有什么感受？请说一说。

【近】体会　tǐhuì

享受[2]　　xiǎngshòu　　　　　动词

　　例：享受幸福　享受生活　享受阳光
　　　　忘掉学习和工作，让我们好好享受这快乐的时光！

贸易[3]　　màoyì　　　　　　名词

　　例：国际贸易　对外贸易　贸易往来　做贸易
　　　　他在一家贸易公司工作。

【近】买卖　mǎi·mài　　生意　shēng·yi

名胜[4]　　míngshèng　　　　名词

　　例：名胜古迹　游览名胜
　　　　他喜欢旅行，看看各地的风景名胜。

古迹[5]　　gǔjì　　　　　　　名词

　　例：文化古迹　参观名胜古迹
　　　　我喜欢历史，外出旅游时喜欢去看古迹。

优美[6]　　yōuměi　　　　　　形容词

　　例：优美的语言　优美的动作　优美的音乐　环境优美
　　　　她跳舞的动作很优美。

自然[7]　　zìrán　　　　　　　名词

　　例：自然界　保护自然　自然环境
　　　　zì·ran　　　　　　　形容词

　　例：不自然　态度很自然
　　　　他第一次面对这么多人讲话，看起来很紧张，一点儿也不
　　　　自然。

风光[8]　　　fēng·guāng　　　名词

例：自然风光　田园风光　风光很美　美丽的风光
暑假我想去看一看桂林的风光。

【近】风景　fēngjǐng

独特[9]　　　dútè　　　　　形容词

例：看法独特　独特的做法　独特的自然风光
这个地方的人的交流方式非常独特。

现代化[10]　xiàndàihuà　　　动词

例：现代化的生活　现代化的大城市　现代化的交通工具
我喜欢住在现代化的大楼里，不喜欢农村的房子。

干[11]　　　gàn　　　　　　动词

例：干什么　干活儿　干工作　不想干
他不愿意干这样的事。

【近】做　zuò

合理[12]　　hélǐ　　　　　　形容词

例：合理安排　合理利用　做法合理　合理的要求
我觉得这个规定不合理。

耽误[13]　　dān·wu　　　　　动词

例：耽误时间　耽误工作　耽误学习
快点儿走吧，别耽误了看比赛。

古代[14]　　gǔdài　　　　　名词

例：古代建筑　古代的人　古代的故事
如果让你回到古代，你愿意吗？

【反】现代　xiàndài

古老[15]　　gǔlǎo　　　　　形容词

例：古老的故事　古老的建筑　古老的城市
中国是个古老的国家，汉字是世界上最古老的文字之一。

汉字乐园

受　shòu

古文字 ，上下各是一只手，一人将东西交给另一人。上面的手后来写成"爫"，下面的写成"又"。"爫字头"的字还有＿＿＿＿＿＿。

贸　mào　｜卯＋贝｜

"卯"是声音，"贝"本来是贝壳（bèiké），在中国古代贝壳当作钱来用，所以很多有"贝"的字意思常和钱财有关系。有"贝"的字还有赚、＿＿＿＿＿＿、＿＿＿＿＿＿。

引　yǐn　｜弓＋丨｜

古文字 ，像拉开弓射箭。后来引申为引导、引起等意思。请猜猜"张、强、弹"为什么左边都有"弓"？

合　hé

古文字 ，盖子盖上，所以有合上、一起等意思。我们今天常说"合上眼睛""合适""合唱"＿＿＿＿＿＿等。"答""恰"两个字都有合，猜猜为什么？

课文

外面的世界很精彩

熟悉了校园生活之后，很多学生开始利用周末或者假期走出校园、走进社会，感受[1]外面的世界。

志龙和汉林都认识了一 帮（bāng）"驴友（lú yǒu）"，一有空就出去走走，享受[2]运动的快乐。思华、思汉两兄弟参加了一个 公 益（gōng yì）组织，每到周末就出去做一些公益活动。大伟教中国学生学英语，虽然辛苦，但是挣够了自己的生活费和学费。孙克认识了一个中国老板，两个人聊成了朋友，他以后也想当老板，做国际贸易[3]。佳丽和弟弟陪爸爸去了广交会，在那里，还遇到了几位高年级（nián jí）学生，他们在那儿当翻译。姐弟俩想快点儿把汉语学好，以后帮爸爸做生意。

相比而言，学校假期举行的语言实践（shíjiàn）活动最吸引（xī yǐn）人，有三条外出的线路（xiàn lù）。有悠久（yōu jiǔ）的名胜[4]古迹[5]，有优美[6]的自然[7]风光[8]，有独特[9]的民族风情（mín zú fēngqíng），他们都想去看看。到底选哪一条路线，真的让人大伤脑筋（shāng nǎo jīn）。

经常出去走走，让他们的生活变得更充实、更有意思，也让他们亲身（qīnshēn）感受了现代化[10]的中国。

★一……就……
他一下课就回家了。

★虽然……但是……
我们今天虽然玩得很累，但是很高兴。

★相比而言
这两件衣服，相比而言，我更喜欢这件白色的。

★到底
我说了半天，也不知道他到底懂了没有。

会话 1

哪儿都想去

汉林：王老师，语言实践活动，现在能报名吗？

王老师：可以，请填一下表。

汉林：好的，谢谢！哎，佳丽，你也在填表？

佳丽：是啊，我也想去。

汉林：有三条线路，选哪条好呢？

佳丽：我觉得第三条线路更有意思一些，是去参观一个少数民族村庄。

汉林：那就选这条吧。唉，如果三条都能去就好了。

佳丽：你可真贪心(tānxīn)。

汉林：想多了解外面的世界嘛！

佳丽：没关系，下次还有机会。

汉林：王老师，我同屋也想参加这次活动。我可以帮他报名吗？

王老师：当然可以，你写清楚他的联系方式(fāngshì)。

会话 2

出去逛逛

刘大伟：王老师，_____？

王老师：为什么要请假？这个活动很有意思啊。

刘大伟：是呀，不过我干[11]了一份家教(jiā jiào)，周末有课。

王老师：是这样啊，_____，你去上课吧。你是想挣学费吗？

刘大伟：嗯，不能总靠父母啊。

王老师：有这种想法很好，但是要合理¹²安排自己的时间，不要耽误¹³了学习！

刘大伟：嗯，我一定协调（xiétiáo）好时间。不过那个中国家庭对我很热情，经常邀请我参加家庭聚会（jù huì），让我更多地了解中国人的生活。

王老师：＿＿＿＿＿＿＿＿＿＿＿＿＿＿＿。

刘大伟：对了，王老师，我对中国的古代¹⁴建筑（jiànzhù）很感兴趣，＿＿＿＿＿＿？

王老师：＿＿＿＿＿＿＿＿，那里有不少古老¹⁵的房子，虽然年代久远（nián dài jiǔ yuǎn），但还是保存（bǎocún）得很好。

刘大伟：太好了，我有空就去看看。谢谢老师。

王老师：不用客气。

☞下面的句子，填在哪儿合适？

1. 去哪里逛比较好

2. 那不错

3. 那好

4. 你可以到北京路（Běijīng lù）看看

5. 这个周末的参观活动，我能不能请假

能说会用

功能 1：推荐

1. 我觉得第三条线路更有意思一些。

2. 你可以到北京路看看，那里有不少古老的房子。

3. 我认为这个比较好。

4. 你试试这个。

☞练一练：

你的同学第一次来到这个城市学习，请你推荐一些购物和旅游的地方。

功能2：批准

1. 当然可以。
2. 那好，你去上课吧。
3. 行！
4. 可以。
5. 批准了。

☞练一练：

假设你是老师，学生向你请假，你批准或者不批准。

你知道吗

自强不息，天道酬勤

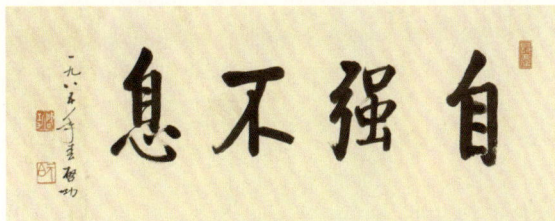

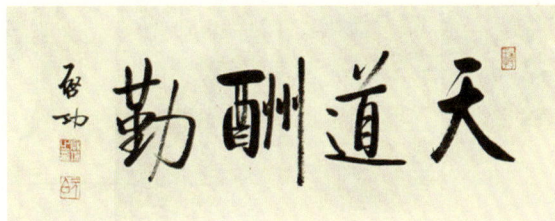

汉语中有两个成语，一个是"自强不息"，意思是自己努力向上，永不停息。另一个是"天道酬勤"，意思是上天会按照每个人付出的勤奋，给予相应的回报。只要你付出了足够的努力，将来也一定会得到相应的收获。中华民族自古勤劳朴实，自强不息，相信天道酬勤。如果一个人什么也不想做，总想依赖别人生活，就会被人瞧不起。

经典诵读

Míng rì gē
明 日 歌

Míng　Qián Hè tān
—— 明 · 钱 鹤 滩

Míng rì fù míng rì 　 míng rì hé qí duō
明 日 复 明 日， 明 日 何 其 多。

Wǒ shēng dài míng rì 　 wàn shì chéng cuō tuó
我 生 待 明 日， 万 事 成 蹉 跎。

练习

一、写出有下列部件的字

贝　_____　_____　_____

弓　_____　_____　_____

羽　_____　_____　_____

爫　_____　_____　_____

二、组短语

感受：_____　_____　_____

合理：_____　_____　_____

优美：_____　_____　_____

自然：_____　_____　_____

独特：_____　_____　_____

三、写出近义词或反义词

古代——　　　　　　古老——

贸易——　　　　　　干（gàn）——

风光——   感受——

四、请把词语与相应的意思连线，并用它们完成句子

古迹   非常有名的风景

名胜   历史悠久的建筑

聚会   大家都觉得不错，可以接受

合理   总想拥有更多

贪心   因为某些原因不能按时完成

耽误   很多朋友在一起

1．我们不能走这条路，太_____时间了。

2．不知道什么原因，这次_____他没有来。

3．这样安排太不_____了，我不同意。

4．我喜欢去古老的城市旅行，看看那里的_____。

5．这个国家有许多风景_____，每年吸引很多外国人去那里旅行。

6．他想把朋友的财产也占为己有，真是太_____了。

五、完成句子

1．这两件衣服都不错，不过我觉得_____。

2．你可以_____，那里的名胜古迹比较多。

3．A：住校内还是校外好呢？

　　B：我认为_____，学习生活都方便。

4．学生：老师，我想明天请假去机场接我的妈妈。

　　老师：_____。

5．职员：张经理，我今天不舒服，能不能请个假？

　　张经理：_____。

六、用给出的词语改写句子

1．这两天他很忙，下了课要去做志愿者。

_____。（一……就……）

2. 学校的宿舍比较小，不过很便宜。

_____。（虽然……但是……）

3. 周末我过生日，很想老朋友们都能在身边。

_____。（如果……就……）

4. 这个安排比较合理。

_____。（相比而言）

5. 是工作还是继续学习，我犹豫了很久。

_____。（伤脑筋）

七、讨论

在学校学习期间，应该多出去走走看看吗？每人谈谈自己的看法，最后完成下面的表格：

好的方面	1.	2.	3.
不好的方面	1.	2.	3.

八、写一写

为你的班级设计一个有趣的活动。

时间：_____　　地点：_____

准备：_____

_____

活动内容：_____

_____

_____

九、每个空填一个字

靠　挣　教　免　锻　比　费　假　谁　立

大伟很独_____，连自己的学费都不_____父母。他干了一份家教，_____中国学生英语，_____够了自己的学费和生活费。和大伟_____，我有点不好意思，因为我和弟弟的学_____、生活费、住宿费都是爸爸给的。我也想暑_____的时候做点什么，既能挣钱又能_____炼一下自己。可是做什么好呢？_____想学印尼话都可以来找我，但不是_____费的哦。

十、跟我来

周末出去走走，把见到的有意思的事物拍下来，向同学们介绍一下。

第四单元

第十课

故乡的味道

1. 你知道这是哪里的建筑吗？能不能说说这种建筑的特点？

2. 你故乡的建筑是什么样式的？能不能给同学画出来并介绍一下？

开心词典

故乡[1]　　　gùxiāng　　　　　名词

　　例：每到节日，我就特别想念我的故乡。

　　　　无论走到哪儿，都不要忘记自己的故乡。

兴奋[2]　　　xīngfèn　　　　　形容词、名词、动词

　　例：很兴奋　感到兴奋　兴奋得大笑起来

　　　　见到多年不见的老朋友，我特别兴奋。

明天就要回国了，我今晚兴奋得睡不着。

【反】平静　píngjìng

样式³　yàngshì　　　　名词

例：样式很独特　样式很新　样式大方
我喜欢这种样式的鞋。//这种样式的衣服早就过时了。

【同】式样　shìyàng

风格⁴　fēnggé　　　　名词

例：风格很独特　具有民族风格的（服装、舞蹈、音乐、画、仪式）
这种风格的画最近几年很受欢迎。

亲热⁵　qīnrè　　　　形容词、动词

例：对人很亲热　亲热地问这问那
周末去朋友家玩儿，他的家人对我非常亲热。

【反】冷漠　lěngmò

询问⁶　xúnwèn　　　　动词

例：询问年龄　询问情况　询问结果　再三询问
班长询问大家关于这次活动的意见和建议。

家乡⁷　jiāxiāng　　　　名词

例：美丽的家乡　回到家乡　来自家乡的客人
人们常说家乡的水是最甜的，家乡的月亮是最圆的。

【近】老家　lǎojiā

著名⁸　zhùmíng　　　　形容词

例：著名的人物　著名的城市　著名的小说
他是著名歌手，很多人知道他的歌。

【近】有名　yǒumíng

坚固⁹　jiāngù　　　　形容词

例：坚固的房屋　坚固的城墙
这座石桥很坚固，有近一千年的历史。

结实¹⁰　jiē·shi　　　　形容词

例：不结实　结实得很　结实的箱子　身体很结实
　　这双鞋非常结实，穿了两年还没有破。

文物[11]　　wénwù　　　　　　名词

例：历史文物　出土文物　文物保护　文物展览
　　我周末常常去历史博物馆看文物。

直接[12]　　zhíjiē　　　　　　形容词

例：直接去　直接说　直接问
　　你可以直接跟他联系。

【反】间接　jiànjiē

稍微[13]　　shāowēi　　　　　　副词

例：稍微有点儿疼　稍微有点儿胖　稍微吃点儿
　　我们稍微早点儿出发。

轻[14]　　qīng　　　　　　形容词

例：行李很轻　病很轻　轻声说　轻轻地放下
　　经过一个月的锻炼，我的体重轻了五公斤。

【反】重　zhòng

风味[15]　　fēngwèi　　　　　　名词

例：风味小吃　风味菜　东南亚风味　家乡风味
　　这条街上有很多风味小吃店。

劝[16]　　quàn　　　　　　动词

例：劝……不要　劝劝她　劝了一个晚上
　　我劝你别再喝酒了，喝太多很伤身体。

汉字乐园

兴　xīng

古文字 ，四只手一起抬起一个东西，后来有了流行的意思。汉字中还有"共""兵"两个字跟"兴"一样，下面原来都是两只手，猜猜它们本来是什么意思。

筑　zhù　　筑 = 竹 + 巩

古文字 **𥲑**，上面是竹，下面像一只手拿着工具建筑。"竹字头"的字多与竹子有关，如笔、＿＿＿＿＿＿、＿＿＿＿＿＿。

堂　táng　　堂 = 尚 + 土

上边是尚，表示声音，也表示意义，尚有高的意思。堂是正房，高大的房子，是举行正式活动或接待客人的地方。古代一个大家族中有一个堂屋，所以一家四代人同住就叫"四世同堂"。请猜猜"堂兄弟"或"堂姐妹"为什么叫"堂"。

劝　quàn　　劝 = 又 + 力

繁体字写作"勸"，左边"藋"，表示声音，后来简化成"又"。右边是"力"，"劝"本义是鼓励，后来变成劝说、劝阻，这些是不是都要用力呢？

课文

回老家看看

爸爸开车带我和弟弟回故乡[1] 探亲（tàn//qīn），参加堂姐（táng jiě）的婚礼。第一次回老家，我和弟弟都很兴奋[2]。

快到的时候，远远地看见一座座非常特别的建筑，看起来像西方的样式[3]，又有中国的风格[4]。爸爸说这就是开平（Kāipíng）的特色建筑——碉楼（diāolóu）。

★快……时候
快下课的时候，我觉得有点儿不舒服。

叔叔全家人都在大门口迎接我们，奶奶也出来了。我们一下车，奶奶就把我和弟弟搂(lǒu)进怀(huái)里，眼泪汪汪(yǎn lèi wāngwāng)的。爸爸扶着奶奶往屋里走，堂姐佳惠亲热[5]地一手拉着我，一手拉着弟弟走进屋。婶婶(shěn·shen)倒好了茶，还给我们准备了很多点心。

奶奶和叔叔询问[6]我和弟弟的学习情况，鼓励我们好好学习。他们都希望我们有机会多回家看看，还说外面千好万好，都不如自己的家乡好。

中午，婶婶做了一大桌子的家乡[7]菜，丰盛极了！爸爸说这就是自己熟悉的味道，我和弟弟也吃得津津(jīn jīn)有味(yǒuwèi)。吃过饭，堂姐带我和弟弟去看碉楼。她给我们介绍碉楼的历史，虽然不能全听懂，但是我们对碉楼的故事非常感兴趣。堂姐让我们以后多回来，她可以帮助我们学习汉语，了解家乡。

★外面千好万好，都不如自己的家乡好：这是中国人的传统观念。热爱自己的故乡和亲人。

★……极了
春节的时候，这里热闹极了。

★对……感兴趣
我对汉语很感兴趣。

会话 1

特别的建筑

王佳丽：佳惠姐，没想到家乡有这么特别的建筑。

王佳惠：开平可是著名[8]的侨乡。很多华侨(huáqiáo)去别的国家谋生(móushēng)，看到不同风格的建筑，回来后就建了这种碉楼。

王佳丽：真漂亮！应该也很坚固[9]吧。

王佳惠：当然了，又结实[10]又防盗(fángdào)。不过很多华侨的后代(hòudài)都在海外(hǎiwài)生活，碉楼也就成了文物[11]，很多人来参观呢。

王佳丽：建得这么好，后人又不住，guài怪可惜的。

王佳惠：是呀，不过他们的后人也经常会回来，看看xiānbèi先辈留下的房屋。

王佳丽：我也很喜欢碉楼。都怪爸爸太忙，现在才带我们回来看。

王佳惠：你要是喜欢，以后可以常回来看呀，每座碉楼都有一个dòngrén动人的故事呢。

王佳丽：好的，以后我一定经常回来，到时候，你慢慢讲给我听。

会话 2

gū·gu姑 姑的邀请

王佳丽、王家贝：姑姑、gū·fu姑 父好！

姑　　姑：佳丽、家贝，快让姑姑好好看看。＿＿＿＿＿＿＿＿＿＿＿。

姑　　父：你们姑姑chéngtiān成 天＿＿＿＿＿＿＿＿＿＿。

王佳丽：我们也想你们啊。

王大唐：俩孩子回来dú//shū读 书，＿＿＿＿＿＿＿＿＿＿＿＿。

姑　　父：是啊，以后有空就回来看看。

王佳丽：咦，表哥呢？

姑　　姑：他去买酒了，一会儿直接[12]去饭店，今天咱们去饭店吃。我最近几年肩膀疼，只能做简单的饭。你姑父又做不好。

王大唐：你呀，＿＿＿＿＿＿＿＿。电话里就说让你去医院看看。

姑　　父：有时重点儿，＿＿＿＿＿＿＿＿，稍微[13]轻[14]点儿，她就不想去看了。

王大唐：什么时候身体都是最重要的，还是要zhuā//jǐn抓 紧时间去看看。

姑　　姑：行行，我chōu//kòng抽 空去。

姑　父：时间差不多了，咱们出发吧。让孩子们也尝尝咱家乡的**风味**¹⁵菜。

☞下面的句子，填在哪儿合适？

pàn
1. **盼**你们回来呢

2. 想不到都长这么高了

3. 就是不听**劝**¹⁶

4. 有时轻点儿

5. 以后回家就方便多了

能说会用

功能1：意外

1. 想不到都长这么高了。

2. 没想到家乡有这么特别的建筑。

3. 真的吗？

4. 真叫人难以置信。

5. 我简直不相信这是真的。

☞练一练：

你回到自己的故乡，或者来到这个学校，有没有意想不到的事情？

功能2：埋怨

1. 都怪爸爸太忙，现在才带我们回来看。

2. 你呀，就是不听劝。

3. 你真是的……

4. 怎么这么晚才来？

5. 真不像话！

6. 你不该这么做。

☞练一练：

如果遇到下面这些情况，应该怎样表示埋怨？

1．朋友总是睡得太晚，不注意身体，结果生病了。

2．同屋晚上回来太晚。

3．朋友总是不上课，玩儿游戏。

4．很晚了，还有人在宿舍楼里放音乐。

你知道吗

家乡的山也美，家乡的水也甜

　　家乡的一山一水，一草一木，对离开家乡的游子来说，都牵动着特别的感情。别的地方再好，都比不上自己的家乡好。故乡不管多么贫穷和落后，在游子的眼里都是儿时的天堂。家乡的亲人和伙伴，家乡的山水和草木，都常走进他们的梦里。不管身在何处，他们都盼望着回家看看。

经典诵读

Huí xiāng ǒu shū
回 乡 偶 书

Táng　　Hè Zhī zhāng
唐　·　贺 知 章

Shào xiǎo lí jiā lǎo dà huí　　xiāng yīn wú gǎi bìn máo cuī
少 小 离 家 老 大 回， 乡 音 无 改 鬓 毛 衰。

Ér tóng xiāng jiàn bù xiāng shí　　xiào wèn kè cóng hé chù lái
儿 童 相 见 不 相 识， 笑 问 客 从 何 处 来。

练习

一、写出有下列部件的字

土 ＿＿＿＿＿＿＿　　＿＿＿＿＿＿＿　　＿＿＿＿＿＿＿

竹 ＿＿＿＿＿＿＿　　＿＿＿＿＿＿＿　　＿＿＿＿＿＿＿

木 ＿＿＿＿＿＿＿　　＿＿＿＿＿＿＿　　＿＿＿＿＿＿＿

扌 ＿＿＿＿＿＿＿　　＿＿＿＿＿＿＿　　＿＿＿＿＿＿＿

女 ＿＿＿＿＿＿＿　　＿＿＿＿＿＿＿　　＿＿＿＿＿＿＿

二、组短语

直接：＿＿＿＿＿＿　　＿＿＿＿＿＿　　＿＿＿＿＿＿

坚固：＿＿＿＿＿＿　　＿＿＿＿＿＿　　＿＿＿＿＿＿

稍微：＿＿＿＿＿＿　　＿＿＿＿＿＿　　＿＿＿＿＿＿

亲热：＿＿＿＿＿＿　　＿＿＿＿＿＿　　＿＿＿＿＿＿

样式：＿＿＿＿＿＿　　＿＿＿＿＿＿　　＿＿＿＿＿＿

三、写出近义词或反义词

家乡——　　　　　　　　　著名——

兴奋——　　　　　　　　　亲热——

轻——　　　　　　　　　　直接——

四、请把词语与相应的意思连线，并用它们完成句子

兴奋　　　　　　　　　　不重；不严重

风味　　　　　　　　　　可以用很久，不容易坏

结实　　　　　　　　　　说服别人做或不要做什么

劝　　　　　　　　　　　一点点

稍微　　　　　　　　　　有地方特点的，别的地方很少有的

轻　　　　　　　　　　　非常高兴

1. 我经常去那家泰国_____餐馆吃饭。

2. 明天要考试了，我_____你早点儿休息。

3. 这种家具非常_____，已经用了很多年。

4. 今天_____有点儿热，还是明天去吧。

5. 这个行李很_____，麻烦你帮我一下，好吗？

6. 找到了工作，他_____得一夜没睡着。

五、完成句子

1. 这本书我找了很久都没找到，想不到_____。

2. 今天那家公司通知我去上班，我简直不相信_____。

3. 我以为那是个非常落后的地方，没想到_____。

4. 我们都在等你，你怎么_____。

5. 你呀，就是_____，看看，病又重了吧。

6. 都怪_____，忘了告诉你这件事。

六、用给出的词语改写句子

1. 我很喜欢中国武术。

_____。（对……感兴趣）

2. 晚饭前他接到了妈妈的电话。

_____。（快……时候）

3. 他天天玩电脑，连学习都忘了。

_____。（成天）

4. 这个老师长得很年轻，样子跟学生差不多。

_____。（看起来）

七、说一说

你的家乡有什么独特的风味菜和习俗，可以下载一些图片向同学们介绍一下。

八、写一写

以"我的故乡"为题目，写一篇短文，可以请你的父母给你一些帮助。

_____

_____

_____

_____

_____

九、每个空填一个词

怪　并　搂　迎接　激动　鼓励　特别　华侨

　　我的故乡在开平，爸爸在那里出生_____在那里长大。今天，爸爸带我和弟弟回乡探亲。家乡有一种很_____的建筑——碉楼，大部分是_____回国建的。但是他们的后代都没有回来住，_____可惜的。

　　叔叔一家和奶奶在大门口_____我们。看到我和弟弟，奶奶_____得眼泪都流了出来，她把我和弟弟紧紧地_____在怀里，我和弟弟也差一点儿哭了。等那么多年，终于见到奶奶了。奶奶_____我们好好学习中文，也希望我们有机会常回来看看。

十、跟我来

　　周末出去走走，拍下你最喜欢的风味菜或者记下一些有意思的语言和习俗，并向同学们介绍一下。

第十一课
一生牵手

1. 你知道哪些东西适合作为结婚礼物送给中国朋友吗？
2. 谈谈你们国家的结婚礼物。

恭（恭）敬（敬）[1]　　gōng（gōng）jìng（jìng）　　　　形容词

　　例：他恭恭敬敬地把礼物交给朋友。

　　　　在老师面前，学生们都表现得很恭敬。

敬[2]　　　jìng　　　　　动词

　　例：向……敬茶　敬……一杯酒

　　　　我敬你一杯酒，祝你工作顺利！

祝愿[3]　　zhùyuàn　　　　动词、名词

　　例：祝愿你生活幸福　美好的祝愿

　　　　祝愿您新的一年身体健康，工作顺利！

转达⁴　　zhuǎndá　　　　动词

例：转达问候　转达意见　向……转达
小王让我转达他对您的问候。

祝福⁵　　zhùfú　　　　动词、名词

例：送去祝福　收到祝福　表达祝福
请接受我的祝福。//我收到了来自亲人的祝福。

仪式⁶　　yíshì　　　　名词

例：结婚仪式　欢迎仪式　颁奖仪式　举行仪式
这个国家的孩子满十八岁的时候，要举行一个特殊的仪式。

布置⁷　　bùzhì　　　　动词

例：布置房间　布置得很整齐　布置作业
为了举行新年晚会，同学们把教室布置得很漂亮。

习俗⁸　　xísú　　　　名词

例：婚礼习俗　节日习俗　当地的习俗
每个民族都有各自独特的习俗。//春节吃饺子，是中国人的
习俗。

洋溢⁹　　yángyì　　　　动词

例：热情洋溢　洋溢着快乐　洋溢着自信
春节快到了，到处洋溢着节日的气氛。

愿¹⁰　　yuàn　　　　动词

例：愿你考试顺利通过！//愿我们的感情天长地久！

代¹¹　　dài　　　　动词

例：代我签名　代经理参加　代他做这件事
今天王老师病了，李老师代他上课。

【近】替　tì

挑选¹²　　tiāoxuǎn　　　　动词

例：挑选商品　仔细挑选　挑选礼物
老师要从班里挑选两个人去参加比赛。

【近】挑　tiāo　选　xuǎn

补[13]　　　　bǔ　　　　　　　　动词

　　　例：补衣服　补课

　　　　　我的汉语不太好，很想找个汉语老师帮我补一下。

非得[14]　　　fēiděi　　　　　　副词

　　　例：非得买　非得吃完不可　非得你来做

　　　　　我不想去，但是他非得让我跟他一起去。

汉字乐园

旗　qí　　旗+其

古文字 ，像旗在飘扬。后来加了"其"表示声音。"旗字旁"的字还有＿＿＿＿＿＿＿＿＿。

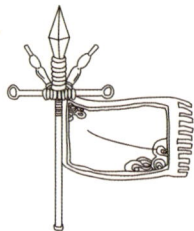

既　jì　　皀+旡

古文字 ，像一个人前面有一碗饭，但是已经吃饱了，口向后面，所以有完成、已经的意思。"既"与"即"很像，"即"的古字形是 ，像一人面对着一碗饭，准备吃饭，所以"即"有靠近的意思。请猜猜"既来之，则安之""若即若离"的意思。

恭　gōng　　共+小

上面是"共"，表示声音；下面是"心"，礼貌恭敬一定要在心里。"心"写在下面变成了小的样子，如羡慕的"慕"。不过多数还是写作"心"，如愿、意、感。"心"写在左边就是"忄"，如怕、快、情。请猜猜"忐忑不安"的意思。

课文

堂姐的婚礼

农历三月初六，堂姐佳惠举行婚礼。爸爸说三、六、九是好日子，很多人会选择在这些日子结婚。

堂姐的结婚照，既有穿白色婚纱（hūnshā）的，也有穿红色旗袍（qípáo）的。她说现在年轻人的婚礼仪式大多是中西合璧（zhōngxīhébì）的。婚礼上，堂姐穿的是红色旗袍，姐夫（jiě·fu）穿的是唐装（tángzhuāng）。堂姐恭恭敬敬[1]地向公公婆婆敬[2]了茶，还和姐夫一起向客人们一一敬酒。客人一个接一个地祝愿[3]新人"百年好合""白头偕老""早生贵子"等。我也转达[4]了妈妈的祝福[5]，祝他们"甜甜蜜蜜（tiántiánmìmì），永结同心"！

婚礼仪式[6]结束后，我和家贝去参观堂姐的新房，布置[7]得可真漂亮！门上和柜子（guì·zi）上都贴着红色的"囍"字。堂姐还说，新房是姐夫家人买的，叔叔和婶婶为他们买了新家具（jiājù）和新被褥（bèirù）等，这是家乡的习俗[8]。不过也有很多年轻人不靠家里人，两人共同（gòngtóng）买房或者租房。堂姐说按老习惯在婚礼后还会有很多年轻人闹洞房（nàodòngfáng），但现在已经很少见了。在我们聊天时，姐夫已经准备好了茶和喜糖（xǐtáng），一点儿不大男子主义。堂姐微笑（wēixiào）着，满脸洋溢[9]着幸福（xìngfú）。

★ 既……也……
我既不抽烟，也不喝酒。

★ 白头偕老：一起生活到老，永远相伴。用来祝愿美好爱情。偕：一起。

★ 囍（xǐ）：两个"喜"字在一起，是专为结婚喜事造的字。

★ 大男子主义：男人在家里是重要的，女人应该听从。

会话 1

美好的祝愿

客人1：祝你们相亲相爱，百年好合！

客人2：愿[10]你们生活甜蜜，永远幸福！

客人3：祝愿你们幸福美满（měimǎn），白头偕老！

……

王佳惠和丈夫：谢谢各位，谢谢你们的祝福！

（——干杯（gān//bēi））

王佳丽：妈妈让我代[11]她祝你们生活甜甜蜜蜜，永结同心！

王佳惠：谢谢伯母的祝福！也祝她幸福快乐，越活越年轻！

王佳丽：这是我特意挑选[12]的一对瓷娃娃（cíwá·wa），祝你们早生贵子！

王佳惠：好漂亮的胖娃娃，谢谢你，佳丽！

王家贝：佳惠姐，这是我的礼物，他们说了那么多，我都不知道说什么好了。嗯……那我祝愿你们想要什么就有什么，每天都开开心心！

王佳惠：家贝说的我最喜欢，想要什么就有什么。谢谢家贝！

会话 2

补[13]拍结婚照

王佳丽：叔叔，你结婚时买房子了吗？

叔　叔：买房子？那时候家里经济（jīng jì）条件不好，没条件盖（gài）新房。我们和你爷爷、奶奶一起住。

王佳丽：那你不用花很多钱了。

叔　叔：那时候流行送彩礼^{căi lǐ}，买衣服、自行车、缝纫机^{féngrèn jī}，好的还有买

电视的，也花不少钱呢。

王佳丽：＿＿＿＿＿＿＿＿＿＿＿＿＿＿＿＿＿＿。

婶　婶：我倒是想坐坐八抬大轿，＿＿＿＿＿＿＿＿＿＿＿。

王佳丽：你们拍婚纱照了吗？

婶　婶：那时候哪有什么婚纱照啊？我记得当时穿了件红衣服，你叔叔

穿了件蓝上衣，一起去照相馆^{zhàoxiàngguǎn}照了一张结婚照。

王佳丽：你们是自由恋爱^{liàn'ài}吗？

叔　叔：那时候也有自由恋爱的，不过我和你婶是别人介绍认识的，

＿＿＿＿＿＿＿＿＿＿＿＿＿。你奶奶迷信^{mí xìn}，还找人算^{suàn}了算，

挑了个好日子就结婚了。

王佳丽：＿＿＿＿＿＿＿＿＿＿＿＿＿＿＿＿＿＿。

叔　叔：都是佳惠非得¹⁴让拍，赶^{gǎn}一下时髦^{shímáo}吧。

王佳丽：那我也要补上祝福，＿＿＿＿＿＿＿＿＿＿＿＿＿＿＿！

☞下面的句子，填在哪儿合适？

1. 不过我们那时候已经不流行了

2. 互相觉得人不错就行了

3. 听妈妈说在中国女人结婚要坐轿子^{jiào·zi}的

4. 祝叔叔和婶婶的生活越来越甜蜜

5. 佳惠姐说你们去年补拍了婚纱照

能说会用

功能 1：祝愿

1. 祝你们相亲相爱，百年好合！
2. 愿你们生活甜蜜，永远幸福！
3. 祝她幸福快乐，越活越年轻！
4. 祝你们早生贵子！
5. 我祝愿你们想要什么就有什么，每天都开开心心！
6. 祝你新年/圣诞/假期快乐！
7. 祝你成功！
8. 祝你一切顺利！
9. 祝你一路平安！

☞练一练：
假如朋友要结婚了，请祝贺他们。

功能 2：转述

1. 妈妈让我代她祝你们生活甜甜蜜蜜，永结同心！
2. 听妈妈说在中国女人结婚要坐轿子的。
3. 志龙，老师让你去一下。
4. 佳丽让我转告你，那本书他买到了。

☞练一练：
来中国以前，你一定听家人或朋友介绍过中国的情况，请转述他们
的话。

你知道吗

永结同心

猜一猜，这张剪纸中都有什么图案，它们表示什么含义？

首先，这个剪纸是红色的。红色是中国人最喜爱的喜庆之色。不管是逢年过节、贺寿嫁娶，还是商店开张、移居新屋等各种庆祝活动，人们总是用红色作为主色。结婚时，要贴大红双喜字，新娘子穿红色衣服，新房要布置得红彤彤的。其次，剪纸形状是心形的，"囍"字中"口"的形状也变成了心形，表示心连心，永结同心。再次，"囍"字的下面可不是一般的动物，而是"鸳鸯"（yuān·yāng），鸳鸯不仅羽毛漂亮，而且去哪里都喜欢成双成对，所以在中国它们表示美好的婚姻和爱情。最后是莲花，象征纯洁和美好。特别是并蒂莲（一枝开出两朵花），更是象征美好的婚姻爱情。

那么，这张剪纸应该贴在哪里呢？没错，新人的房间。

经典诵读

竹枝词二首（其一）
Zhú zhī cí èr shǒu　qí yī

刘禹锡
Liú Yǔ xī

杨柳青青江水平，闻郎江上踏歌声。
Yáng liǔ qīng qīng jiāng shuǐ píng　wén láng jiāng shàng tā gē shēng

东边日出西边雨，道是无晴却有晴。
Dōng biān rì chū xī biān yǔ　dào shì wú qíng què yǒu qíng

练习

一、写出有下列部件的字

玉 ＿＿＿＿＿＿＿＿ ＿＿＿＿＿＿＿＿ ＿＿＿＿＿＿＿＿

心 ＿＿＿＿＿＿＿＿ ＿＿＿＿＿＿＿＿ ＿＿＿＿＿＿＿＿

毛 ＿＿＿＿＿＿＿＿ ＿＿＿＿＿＿＿＿ ＿＿＿＿＿＿＿＿

二、组词或短语

敬：＿＿＿＿＿＿＿＿ ＿＿＿＿＿＿＿＿ ＿＿＿＿＿＿＿＿

转达：＿＿＿＿＿＿＿＿ ＿＿＿＿＿＿＿＿ ＿＿＿＿＿＿＿＿

布置：＿＿＿＿＿＿＿＿ ＿＿＿＿＿＿＿＿ ＿＿＿＿＿＿＿＿

非得：＿＿＿＿＿＿＿＿ ＿＿＿＿＿＿＿＿ ＿＿＿＿＿＿＿＿

仪式：＿＿＿＿＿＿＿＿ ＿＿＿＿＿＿＿＿ ＿＿＿＿＿＿＿＿

三、请把词语与相应的意思连线，并用它们完成句子

非得　　　　　　　　　　自己不能参加，请别人代替自己

代　　　　　　　　　　　很多，充满

恭敬　　　　　　　　　　一定要做

洋溢　　　　　　　　　　追求流行的

赶时髦　　　　　　　　　怀着非常尊敬的心情做

1. 他是个热情＿＿＿＿＿＿＿的青年，特别喜欢帮助别人。

2. 我也想参加那个活动，请＿＿＿＿＿＿＿我报个名吧。

3. 她喜欢＿＿＿＿＿＿＿，发型和衣服样式变化很快。

4. 他＿＿＿＿＿＿＿地向老师敬了一杯酒，表示感谢。

5. 我说这种水果不好吃，可他＿＿＿＿＿＿＿买。

四、完成句子

1. 新年了，祝_____。

2. 你自己路上要小心，祝_____。

3. 今天爷爷生日，祝_____。

4. 大伟，王老师让_____。

5. 请你_____，我明晚参加不了那个聚会了。

五、用给出的词语改写句子

1. 我们家的习惯是，春节要吃鱼，这叫"年年有鱼（余）"。

_____。（按……习惯）

2. 今天我过生日，全班同学关了灯，点上蜡烛，一起唱起生日歌，我非常感动。

_____。（都不知说什么好了）

3. 他们想让我一起去旅行。我也想去，不过我要准备毕业考试。

_____。（倒是）

4. 我没有什么特殊的学习方法，只是比较努力。

_____。（哪儿有什么……）

5. 我想说好汉语，写好汉字。

_____。（既……也……）

六、讨论

1. 谈谈自己国家的婚俗，并记下与其他国家的婚俗的不同之处。

2. 你认为结婚时，男人是否应该比女人付出更多的钱买东西？

七、写一写，画一画

如果你的中国朋友要结婚了，请写出你打算买的礼物，并说明为什么买这些礼物。并请设计一张贺卡，要有画和祝贺的话。

八、每个空填一个词

农_____三月初六，我回老家参加堂姐佳惠的婚礼。婚礼_____，堂姐和姐夫向客人们一_____敬酒。客人一个接一个地祝_____他们"幸福美满""百年好_____"……我送给他们一_____瓷娃娃，祝他们早生贵子。婚礼结束后，堂姐带我参_____了他们的新房，新房布_____得很漂亮。卧室的墙上挂着他们的结婚_____，有穿旗袍、唐装的，也有穿婚纱、西服的，好看极了！将来我结婚的时候，也要_____这样的结婚照。

九、发现

看下面中国不同时期的结婚照片，你发现了什么变化？有什么不明白的地方，可查找资料，或者询问同学或老师。

1. 中国传统婚礼

2. 中国 20 世纪 80 年代婚礼

3. 中国现代婚礼

第十二课

父亲的根

你听说过"叶落归根[1]"这个词吗？知道它的含义吗？

开心词典

根[1]　　　　gēn　　　　　　　名词

例：树根　生根　墙根儿
树有多高，根就有多长。
虽然在国外生活了很多年，但是我没有忘记自己的根在中国。

遗憾²   yíhàn   名词、形容词

例：有点儿遗憾 深深的遗憾 感到遗憾 遗憾的是……
没上大学是他心中永远的遗憾。
很遗憾，我不能回国参加你的婚礼。

好听³   hǎotīng   形容词

例：好听极了 一点儿也不好听 好听的音乐
她唱歌唱得非常好听。

【反】难听 nántīng

炎热⁴   yánrè   形容词

例：天气炎热 炎热的地方 炎热的夏天
这么炎热的天气真让人受不了。

【反】寒冷 hánlěng

偶尔⁵   ǒu'ěr   副词

例：偶尔发生 偶尔见到 偶尔的事情
我的父母一般说汉语，偶尔也说一点儿印尼语。

【反】常常 chángcháng

肥⁶   féi   形容词

例：肥肉 太肥了 肥肥的脸
他家养了一只又大又肥的猫。

【反】瘦 shòu

【近】胖（人很胖） pàng

赶快⁷   gǎnkuài   副词

例：赶快去 赶快吃 赶快写
时间不早了，我们赶快出发吧。

清晰⁸   qīngxī   形容词

例：发音清晰 思路清晰 画面很清晰 清晰地表达
因为时间太长了，这本书上的字不清晰了。

【反】模糊 mó·hu

赚[9]   zhuàn   动词

例：赚钱   赚到一笔块钱   有赚有赔

他做生意赚了不少钱。

【反】赔 péi

观念[10]   guānniàn   名词

例：老观念   正确的观念   改变观念

他虽然老了，但是观念很新。

【近】想法 xiǎng·fǎ   思想 sīxiǎng

干[11]   gān   形容词

例：衣服干了   吹干头发   晒干衣服

天气很热，刚洗的衣服很快就干了。

【反】湿 shī

认为[12]   rènwéi   动词

例：我认为学习汉语一点儿也不难。

我认为钱并没那么重要，你怎么认为？

赞同[13]   zàntóng   动词

例：赞同他的看法   非常赞同   对他的意见表示赞同

我很赞同他的做法。

【反】反对 fǎnduì

牵挂[14]   qiānguà   动词

例：父母让他在外面好好学习，家里的事不用牵挂。

虽然离得很远，但是我的心里一直牵挂着她。

安定[15]   āndìng   形容词

例：不太安定   生活安定   安定药

这里的人们过着安定的生活。

汉字乐园

及 jí

古文字 ，像一只手抓住了前面的人，本义是追上。后来又引申为达到、及时等意思。极、级、吸，你能读准这些字吗？

孝 xiào 耂+子

古文字 ，上面像一个长发弓背的老人，下面像一个小孩子。孩子扶着老人，表示要奉养、孝顺父母、长辈。"孝、老、考"的上面一样。

承 chéng

古文字 ，像两手上有一个人，承的本义是双手恭敬地送上或者接受物品。那么，你知道"继承家业"的意思吗？

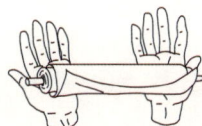

观 guān 又+见

繁体字写作"觀"。"觀"和"勸（劝）"一样，左边的"雚"简化成了"又"。右边的"见"表示意义。

"览、视、觉、砚、舰"都有"见"，猜猜哪些有"看"的意思？

课文

难忘的记忆

我和弟弟都没有见过爷爷。爷爷去世时，爸爸也不在身边。没能见上爷爷最后一面，成了爸爸永远的遗憾[2]。

爸爸常常给我们讲他小时候的生活。那时，家里很穷(qióng)，为了养活(yǎng·huo)一家人，爷爷奶奶每天都得很辛苦地劳动(láodòng)。"穷人的孩子早当家"，爸爸很小就学会了替父母分担(fēndān)家务，做一些力所能及(lì suǒnéng jí)的事情。不过，贫苦(pín kǔ)的生活里也有一些乐趣(lè qù)。爸爸有时候跟着爷爷去山坡放羊(shān pō fàngyáng)，羊儿吃草的时候，爷俩就躺在草地(cǎo dì)上，爷爷会给爸爸讲很多好听[3]的故事。炎热[4]的夏天，爷爷偶尔[5]会带着爸爸和叔叔去小河里抓(zhuā)鱼，运气(yùn·qi)好的话，一会儿就能抓到几条又大又肥[6]的鱼，兄弟俩赶快[7]送回家，让奶奶炖一锅鲜美(guōxiānměi)的鱼汤。爸爸对童年(tóngnián)的记忆(jì yì)是那么清晰[8]，好像每件事都历历在目(lì lì zàimù)。

可惜，爷爷很早就走了，爸爸一直自责(zì zé)没有尽孝(jìn//xiào)。这次清明节返(fǎn)乡，爸爸特意带我和弟弟去给爷爷扫墓(sǎo//mù)。爷爷永远留在了故乡，爸爸的童年也永远留在了故乡。爸爸说，故乡就是他的根。

★穷人的孩子早当家：俗语。穷人家的孩子常常更早独立，懂得分担家庭的负担。

★走了：人死了的婉转说法。

会话 1

出去闯闯

王家贝：奶奶，咱们家在开平多少年了？

奶　奶：多少年我也说不清。你爷爷的爷爷就已经在这儿了。

王家贝：堂姐带我们看过附近一座漂亮的碉楼，说那家也姓王。

奶　奶：噢，那个人我知道，他早年去南洋^{Nán yáng}做生意，赚⁹了很多钱就
　　　　建了那座碉楼。他还常常从国外寄钱回来帮助村里人呢。

王家贝：爷爷那时候没有想过去国外吗？

奶　奶：怎么不想？他也想出去闯闯，＿＿＿＿＿＿＿＿＿＿＿＿＿＿，
　　　　因为就他一个男孩儿。

王家贝：男孩儿和女孩儿不一样吗？

奶　奶：＿＿＿＿＿＿＿＿＿＿＿＿＿＿＿＿。按老观念，男孩子要
　　　　继承家业^{jì chéng jiā yè}，女孩子嫁出去就是别人家的人了。

王佳丽：＿＿＿＿＿＿＿＿＿＿＿＿＿＿＿＿，我觉得女孩子也很好。

王家贝：这种观念¹⁰＿＿＿＿＿＿。常听妈妈说，姐姐是她的小棉袄^{xiǎomián'ǎo}。

奶　奶：现在什么都变了，男孩儿、女孩儿一样好。那是旧思想了。

王家贝：我爸爸在国外，您想他吗？

奶　奶：哪能不想呢？＿＿＿＿＿＿＿＿＿＿＿＿＿＿。他走了以
　　　　后，我的泪都流干¹¹了。

☞下面的句子，填在哪儿合适？

1. 我可不这样认为¹²

2. 当然不一样了

3. 我也不赞同¹³

4. 不过家里不同意

5. 我真不应该让他那么年轻就出去闯

会话 2

世界的中心

王大唐：佳丽，我们在老家多住一天吧。

王佳丽：可以呀，不过，爸爸还有什么事要办吗？

王大唐：没有，我就是想多陪陪你奶奶。

王佳丽：我也想和奶奶多待会儿。

王大唐：唉，你爷爷奶奶我都没有照顾过，我真是 bù xiào 不孝 呀。

王佳丽：可你的心里一直 牵挂[14] 着他们呀。

王大唐：话是不错，但还是很过意不去，特别是对你爷爷。

王佳丽：有本书上说："世界的 zhōngxīn 中心 就是自己的故乡。"这里就是你的世界中心吧。

王大唐：啊，这句话说得太好了。一个人无论去到哪儿，心都会被故乡 qiān 牵 着。

王佳丽：不过，你觉得我们在印尼生活得不好吗？

王大唐：爸爸跟你们不一样，你们在印尼出生长大。爸爸从小在这里长大，回到这里，心才能 安定[15] 啊。

能说会用

功能 1：反驳

1. 我可不这样认为。

2. 我也不赞同。

3. 这种说法有问题。

4．你怎么能这么说呢？

5．你的说法太可笑了。

6．我不能接受这个观点。

☞练一练：

与同桌讨论留在中国工作的好处与坏处，注意使用反驳。

功能 2：自责

1．我真不应该让他那么年轻就出去闯。

2．我真是不孝呀。

3．我太糊涂了。

4．都怪我。

5．我真是……

6．是我的不对。

☞练一练：

你做过什么事情让父母伤心吗？请讲一讲，并表示自责。

你知道吗

寻根

您是哪儿人？您贵姓？见到陌生人，你会不会这样问？如果是同乡，或同姓，你会不会一下子觉得亲近了很多，想多跟他聊一聊？故乡、亲人，会让你感到亲切，感到温暖，特别是去一个陌生的地方。中国人讲究做人要不忘本，"本"就是"根"。我从哪里来？来的地方就是我的根。父母祖先是根，养育自己的故乡是根，去到别的国家，自己的祖国也是根。很多人离开了家和亲人，离开了故乡和祖国，孤独的时候，就会想到要寻找自己的根。

百家姓

第五言福 东门西门海 呼延归父 宰父谷端 颛孙慕 长孙单于 淳于东方 闻人夫 游竺 那简 殴侯 戈廖 温别 冉宰 池乔 郤黎 宁仇焦 乌单 苟万 郁童 虞纪 江邵 熊于 姚鲍 乐苏 鄢吕 云钱 何孙 赵李

百家姓终 商牟佘 羊舌微 晋楚闾 巫马公 鲜于间 太叔申 赫皇 盖桓 曾沙 蔚爰 暨桑 柴苍 郜白 胥厉 印山 甘家 牧左 甄卢 包林 铎董 梅禹 项齐 祁岑 皮彭 费严 奚郑 孔王 周吴曹魏陈

伯赏岳帅汝钤漆涂司马万俟养鞠满师巩寿迟耿党须从牛弘库翟翟弘通翟翟邵鄂党充桂双怀戎谷封石莫乂梁狄康薛郎华

墨哈谯笪 况后有琴 段干百里 壤驷良 亓官寇 轩辕狐 濮台涝 上官阳 巢关相 晏勾融 匡国寇 宦艾容 边扈冀 谭贡逢 索咸赖 景詹龙 全郗仰 汲邴松 程稽宗 干解田 高夏强 席季戴 计伏黄 顾孟毕 滕殷方 戚凤喻 蒋谢杨

年梁东拓拔钟宗夏查冷广向郑姬卓叶秋井裴丁樊贾谈和郝俞柏朱爱丘郭督离政侯后訾禄古浦申蔺幸仲段陆宣胡路宋穆邬任水秦阳左南夹子宇濮诸荆辛阙易尚扶屠司伊富荣暴凌娄茅萧安袁窦尤佟丘门谷车文阳葛红阉东慎农堵蒙韶宫巫翁邓霍危庞尹常柳章许

经典诵读

Jiǔ yuè jiǔ rì yì Shān dōng xiōng dì
九 月 九 日 忆 山 东 兄 弟

Wáng Wéi
王 维

Dú zài yì xiāng wéi yì kè　　měi féng jiā jié bèi sī qīn
独 在 异 乡 为 异 客，　每 逢 佳 节 倍 思 亲。

Yáo zhī xiōng dì dēng gāo chù　　biàn chā zhū yú shǎo yī rén
遥 知 兄 弟 登 高 处，　遍 插 茱 萸 少 一 人。

练习

一、写出有下列部件的字

土 ＿＿＿＿＿　＿＿＿＿＿　＿＿＿＿＿

见 ＿＿＿＿＿　＿＿＿＿＿　＿＿＿＿＿

艹　_____　_____　_____

忄　_____　_____　_____

二、组词语

快：_____　_____　_____

同：_____　_____　_____

安：_____　_____　_____

记：_____　_____　_____

三、请把词语与相应的意思连线，并用它们完成句子

自责　　　　　　　　　跟别人一起承受

赞同　　　　　　　　　很少发生

分担　　　　　　　　　非常热

炎热　　　　　　　　　知道自己错了，自己责备自己

偶尔　　　　　　　　　同意

1. 这里的夏天十分_____，所以他想去别的地方工作。

2. 最近他很忙，只是_____见到他。

3. 我非常_____你的看法。

4. 无论遇到什么麻烦的事情，他都与我一起_____。

5. 说了那些不应该说的话，我一直很_____。

四、完成句子

1. A：我认为有钱就有更多幸福。

　　B：_____。

2. A：我认为学习汉语不用学习写汉字。

　　B：_____。

3. 我真不应该_____。

4. 都怪我_____，把地址写错了。

5. 我真是＿＿＿＿＿＿＿＿＿＿＿＿＿＿＿＿，总是忘记他叫什么名字。

五、用给出的词语改写句子

1. 他说的话很有道理，不过生活中很难做得到。

＿＿＿＿＿＿＿＿＿＿＿＿＿＿＿＿＿＿。（话是不错，但是/不过）

2. 我去每个地方都不忘先给父母打个电话说一声。

＿＿＿＿＿＿＿＿＿＿＿＿＿＿＿＿＿。（无论……都）

3. 他是我的老朋友，他结婚我一定要去祝贺。

＿＿＿＿＿＿＿＿＿＿＿＿＿＿＿＿＿。（哪能不……）

4. 他每天免费帮我学习汉语，我感到很不好意思。

＿＿＿＿＿＿＿＿＿＿＿＿＿＿＿＿＿。（过意不去）

六、讨论

1. 你听长辈讲过以前在中国的生活或者故事吗？请给同桌讲一讲。

2. 你的父母对故乡的感情怎么样？你听说过吗？

七、诗朗诵，体会诗歌中表达的感情

乡愁

余光中

小时候

乡愁是一枚小小的邮票

我在这头

母亲在那头

长大后

乡愁是一张窄窄的船票

我在这头

新娘在那头

后来啊

乡愁是一方矮矮的坟墓

我在外头

母亲在里头

而现在

乡愁是一湾浅浅的海峡

我在这头

大陆在那头

八、每个空填一个词

按照　悄悄　认为　同意　继承　理解　还是　嫁

　　你说是男孩好，_____女孩儿好？_____中国的旧观念，当然是男孩儿好。因为男孩可以_____家业，女孩儿的话，就像人们常常说的"_____出去的女儿，泼出去的水"。奶奶就是这么_____的，可是我不_____，我觉得还是女孩儿好，女孩儿是妈妈的小棉袄，_____父母，孝敬父母。我去问爸爸这个问题，爸爸_____对我说："世界上的爸爸当然都最喜欢女儿呀。"

九、学唱中文歌

绿叶对根的情意

王 健 词
谷建芬 曲

不要问我到哪里去，我的心 依着你。

不要问我到哪里去，我的情 牵着你。 我是你的一片绿叶，
无论我停在哪片 云彩，

我的根 在你的土地。 春风中告别了 你， 今天这方明天哪 里。
我的眼 总是投向你。 如果我在风中 歌唱， 那歌 声也是为着你。

唔！ 唔！

不要问我 到哪里去， 我的路上 充满回忆。

渐慢
请你祝福我， 我也祝福你， 这是绿叶对根的情 意。

激动地
不要问 我，你不要问我到哪里 去， 我是你的 一片绿叶，

渐慢
我的根 在你的土地。 这是绿叶对根的情 意。
D. C.

生词表

第一课

之前	zhīqián	丰富多彩	fēngfù-duōcǎi
住宿	zhùsù	相信	xiāngxìn
问题	wèntí	充实	chōngshí
最终	zuìzhōng	适应	shìyìng
听从	tīngcóng	段	duàn
父母	fùmǔ	煲	bāo
意见	yì · jiàn	粥	zhōu
语言	yǔyán	组织	zǔzhī
彼此	bǐcǐ	外出	wàichū
文化	wénhuà	趣味	qùwèi
其实	qíshí	安排	ānpái
餐厅	cāntīng	泡	pào
腻	nì	并	bìng
报到	bào//dào	失眠	shī//mián
行李	xíng · li	努力	nǔlì
橱窗	chúchuāng	贪	tān
社团	shètuán	另外	lìngwài
海报	hǎibào	相处	xiāngchǔ
学期	xuéqī	嘛	· ma
招	zhāo	帮助	bāngzhù
成员	chéngyuán	靠	kào
的话	de · huà	历史	lìshǐ
不仅……还……	bùjǐn……hái……	博物馆	bówùguǎn

第二课

通过	tōngguò	道理	dào·lǐ
流利	liúlì	近视	jìnshì
师兄	shīxiōng	退步	tuìbù
师姐	shījiě	挣	zhèng
利用	lìyòng	学费	xuéfèi
制订	zhìdìng	足够	zúgòu
计划	jìhuà	本来	běnlái
并且	bìngqiě	变化	biànhuà
实施	shíshī	商贸	shāngmào
有意	yǒuyì	专业	zhuānyè
占	zhàn	毕业	bì//yè
排	pái	留	liú
座位	zuò·wèi	将来	jiānglái
汉语角	hànyǔjiǎo	生	shēng
此外	cǐwài	混血儿	hùnxuè'ér
登山	dēng//shān	打理	dǎlǐ
俱乐部	jùlèbù	生意	shēng·yi
交流	jiāoliú	开	kāi
背	bèi	公司	gōngsī
坚持	jiānchí	东方	dōngfāng
懒	lǎn	研究	yánjiū
决心	juéxīn	孔子	Kǒngzǐ
到底	dàodǐ	思想	sīxiǎng
改掉	gǎidiào	当	dāng
晒	shài	导游	dǎoyóu
管不住	guǎnbùzhù	旅行社	lǚxíngshè
盯	dīng	想法	xiǎng·fǎ

第三课

郊游	jiāoyóu	农田	nóngtián
爬山	páshān	村庄	cūnzhuāng
出发	chūfā	随身	suíshēn
县城	xiànchéng	困	kùn
方言	fāngyán	郊外	jiāowài
步行	bùxíng	外婆	wàipó
抬	tái	羡慕	xiànmù
山顶	shāndǐng	当天	dàngtiān
山腰	shānyāo	出门	chū//mén
崎岖	qíqū	安全	ānquán
野花	yěhuā	云南	Yúnnán
伸	shēn	鼓励	gǔlì
摘	zhāi	倒	dào
采	cǎi	费用	fèi·yong
吓	xià	拜托	bàituō
缩	suō	记得	jì·de
起来	//·qǐ//·lái	卷	juàn
莫名其妙	mòmíngqímiào	里	lǐ
答案	dá'àn	聪明	cōng·míng

第四课

不仅……而且……	bùjǐn……érqiě……	能歌善舞	nénggēshànwǔ
老挝	Lǎowō	待	dāi
华裔	huáyì	原唱	yuánchàng
性格	xìnggé	洗	xǐ
温柔	wēnróu	墙	qiáng
体贴	tǐtiē	渐渐	jiànjiàn
柬埔寨	Jiǎnpǔzhài	成	chéng

对	duì	敲	qiāo
无话不谈	wúhuàbùtán	键盘	jiànpán
忽然	hūrán	影响	yǐngxiǎng
冒	mào	动作	dòngzuò
感动	gǎndòng	录音	lùyīn
脚	jiǎo	疼	téng
受伤	shòu//shāng	赶紧	gǎnjǐn
扶	fú	急性	jíxìng
积极	jījí	肠炎	chángyán
不曾	bùcéng	输液	shūyè
孤单	gūdān	住院	zhù//yuàn
低	dī	辛苦	xīnkǔ
料	liào	醒	xǐng
熟练	shúliàn	害	hài
躺	tǎng	连累	lián·lei
噼里啪啦	pī·lipālā		

第五课

活泼	huó·pō	强壮	qiángzhuàng
开朗	kāilǎng	活儿	huór
乐于助人	lèyúzhùrén	抱怨	bào·yuàn
各	gè	完成	wán//chéng
同时	tóngshí	颁发	bānfā
场合	chǎnghé	证书	zhèngshū
活跃	huóyuè	周围	zhōuwéi
身影	shēnyǐng	随便	suíbiàn
学生会	xuéshēnghuì	借	jiè
协助	xiézhù	样	yàng
个子	gè·zi	哥们儿	gē·menr

负责	fùzé	反应	fǎnyìng
巧	qiǎo	修	xiū
密码	mìmǎ	弄	nòng
打扰	dǎrǎo	出（钱）	chū（qián）
吞吞吐吐	tūntūntǔtǔ	顺便	shùnbiàn
收拾	shōu·shi	满足	mǎnzú
撞	zhuàng	一言为定	yìyánwéidìng

第六课

花白	huābái	许愿	xǔ//yuàn
样子	yàng·zi	合	hé
皱纹	zhòuwén	卡片	kǎpiàn
对门	duìmén	亲手	qīnshǒu
邻居	línjū	按摩器	ànmóqì
特地	tèdì	表达	biǎodá
退休	tuì//xiū	感谢	gǎnxiè
丈夫	zhàng·fu	腿	tuǐ
唯一	wéiyī	老	lǎo
嫁	jià	步	bù
热心肠	rèxīncháng	怪	guài
捎	shāo	添	tiān
姨父	yí·fu	炖	dùn
感激	gǎnjī	趁	chèn
邀请	yāoqǐng	举手之劳	jǔshǒuzhīláo
孤独	gūdú	老太太	lǎotài·tai
如	rú	闲	xián
竟然	jìngrán	亲戚	qīn·qi

第七课

迎接	yíngjiē	落后	luò//hòu
志愿者	zhìyuànzhě	山村	shāncūn
热心	rèxīn	关于	guānyú
表示	biǎoshì	教育	jiàoyù
谢绝	xièjué	状况	zhuàngkuàng
得到	dédào	报告	bàogào
困难	kùn·nan	义务	yìwù
拒绝	jùjué	维修	wéixiū
义工	yìgōng	中学生	zhōngxuéshēng
组	zǔ	夏令营	xiàlìngyíng
特殊	tèshū	农村	nóngcūn
儿童	értóng	条件	tiáojiàn
阅读	yuèdú	艰苦	jiānkǔ
陪	péi	低碳	dītàn
老人院	lǎorényuàn	宣传	xuānchuán
放	fàng	意义	yìyì
火车站	huǒchēzhàn	收集	shōují
正	zhèng	资料	zīliào
春运	chūnyùn	回头	huítóu
人山人海	rénshān-rénhǎi		

第八课

自由	zìyóu	过夜	guò//yè
忘记	wàngjì	严格	yángé
急	jí	要求	yāoqiú
生气	shēng//qì	必须	bìxū
规定	guīdìng	许	xǔ
绝	jué	唠叨	láo·dao

想念	xiǎngniàn	严重	yánzhòng
拿手	náshǒu	压力	yālì
日用品	rìyòngpǐn	竞争	jìngzhēng
操心	cāo//xīn	激烈	jīliè
琐事	suǒshì	失败	shībài
主动	zhǔdòng	好事多磨	hǎoshì-duōmó
视频	shìpín	再说	zàishuō
独立	dúlì	能力	nénglì
自在	zìzài	底（儿）	dǐ（r）
理解	lǐjiě	联系	liánxì
发愁	fā//chóu	男子汉	nánzǐhàn
面试	miànshì	广阔	guǎngkuò
消息	xiāo·xi	天地	tiāndì
非	fēi	闯	chuǎng
惹	rě	梦想成真	mèngxiǎngchéngzhēn
脾气	pí·qi		

第九课

感受	gǎnshòu	名胜	míngshèng
帮	bāng	古迹	gǔjì
驴友	lǘyǒu	优美	yōuměi
享受	xiǎngshòu	自然	zìrán zì·ran
公益	gōngyì	风光	fēng·guāng
贸易	màoyì	独特	dútè
年级	niánjí	民族	mínzú
实践	shíjiàn	风情	fēngqíng
吸引	xīyǐn	伤脑筋	shāng nǎojīn
线路	xiànlù	亲身	qīnshēn
悠久	yōujiǔ	现代化	xiàndàihuà

贪心	tānxīn	古代	gǔdài
方式	fāngshì	建筑	jiànzhù
干	gàn	古老	gǔlǎo
家教	jiājiào	年代	niándài
合理	hélǐ	久远	jiǔyuǎn
耽误	dān·wu	保存	bǎocún
协调	xiétiáo	北京路	Běijīnglù
聚会	jùhuì		

第十课

故乡	gùxiāng	谋生	móushēng
探亲	tàn//qīn	坚固	jiāngù
堂姐	tángjiě	结实	jiē·shi
兴奋	xīngfèn	防盗	fángdào
样式	yàngshì	后代	hòudài
风格	fēnggé	海外	hǎiwài
开平	Kāipíng	文物	wénwù
碉楼	diāolóu	怪	guài
搂	lǒu	先辈	xiānbèi
怀	huái	动人	dòngrén
眼泪	yǎnlèi	姑姑	gū·gu
汪汪	wāngwāng	姑父	gū·fu
亲热	qīnrè	成天	chéngtiān
婶婶	shěn·shen	读书	dú//shū
询问	xúnwèn	直接	zhíjiē
家乡	jiāxiāng	稍微	shāowēi
津津有味	jīnjīnyǒuwèi	轻	qīng
著名	zhùmíng	抓紧	zhuā//jǐn
华侨	huáqiáo	抽空	chōu//kòng

风味	fēngwèi	劝	quàn
盼	pàn		

第十一课

婚纱	hūnshā	微笑	wēixiào
旗袍	qípáo	洋溢	yángyì
中西合璧	zhōngxīhébì	幸福	xìngfú
姐夫	jiě·fu	愿	yuàn
唐装	tángzhuāng	美满	měimǎn
恭（恭）敬（敬）		干杯	gān//bēi
	gōng（gōng）jìng（jìng）	代	dài
		挑选	tiāoxuǎn
敬	jìng	瓷娃娃	cíwá·wa
祝愿	zhùyuàn	补	bǔ
转达	zhuǎndá	经济	jīngjì
祝福	zhùfú	盖	gài
甜甜蜜蜜	tiántiánmìmì	彩礼	cǎilǐ
仪式	yíshì	缝纫机	féngrènjī
布置	bùzhì	照相馆	zhàoxiàngguǎn
柜子	guì·zi	恋爱	liàn'ài
家具	jiājù	迷信	míxìn
被褥	bèirù	算	suàn
习俗	xísú	非得	fēiděi
共同	gòngtóng	赶	gǎn
闹洞房	nào dòngfáng	时髦	shímáo
喜糖	xǐtáng	轿子	jiào·zi

第十二课

根	gēn	记忆	jìyì
遗憾	yíhàn	清晰	qīngxī
穷	qióng	历历在目	lìlìzàimù
养活	yǎng·huo	自责	zìzé
劳动	láodòng	尽孝	jìn//xiào
分担	fēndān	返	fǎn
力所能及	lìsuǒnéngjí	扫墓	sǎo//mù
贫苦	pínkǔ	南洋	Nányáng
乐趣	lèqù	赚	zhuàn
山坡	shānpō	继承	jìchéng
放羊	fàngyáng	家业	jiāyè
草地	cáodì	观念	guānniàn
好听	hǎotīng	小棉袄	xiǎomián'ǎo
炎热	yánrè	干	gān
偶尔	ǒu'ěr	认为	rènwéi
抓	zhuā	赞同	zàntóng
运气	yùn·qi	不孝	bùxiào
肥	féi	牵挂	qiānguà
赶快	gǎnkuài	中心	zhōngxīn
锅	guō	牵	qiān
鲜美	xiānměi	安定	āndìng
童年	tóngnián		